LA REVUE DES LETTRES MODERNES

PAUL VALÉRY 5

musique et architecture

textes réunis par
Huguette LAURENTI

LETTRES MODERNES
MINARD
73, rue du Cardinal-Lemoine — 75005 PARIS
1987

SIGLES ET ABRÉVIATIONS

RÉFÉRENCES USUELLES

C, I   *Cahiers* (fac-similé intégral, t. I à XXIX) (Paris, C.N.R.S., 1957–1962)
C1   *Cahiers,* [choix de textes] p. p. Judith ROBINSON (Paris, Gallimard,
C2   « Bibl. de la Pléiade », t. I : 1973 ; t. II : 1974)

Dans les références des textes cités, la pagination (entre parenthèses) et les sigles renvoient à la répartition des œuvres telle que l'a procurée Jean HYTIER dans la « Bibliothèque de la Pléiade » :
I   *Œuvres.* I (Paris, Gallimard, 1957)   [*Œ*, I]
II   *Œuvres.* II (Paris, Gallimard, 1960)   [*Œ*, II]

BÉV   *Bulletin des études valéryennes* (Université Paul Valéry, Montpellier).
CPV1   *Cahiers Paul Valéry* (Gallimard), nº 1.
PV1   *Paul Valéry 1* etc. (livraisons de la Série *Paul Valéry* de « La Revue des lettres modernes »).

Jan'89

À l'intérieur d'un même paragraphe, les séries continues de références à une même source sont allégées du sigle commun initial et réduites à la seule numérotation ; par ailleurs les références consécutives identiques ne sont pas répétées à l'intérieur de ce paragraphe.

Toute citation formellement textuelle (avec sa référence) se présente soit hors texte, en caractère romain compact, soit dans le corps du texte en *italique* entre guillemets, les soulignés du texte d'origine étant rendus par l'alternance romain/ *italique* ; mais seuls les mots en PETITES CAPITALES y sont soulignés par l'auteur de l'étude. Le signe * devant une séquence atteste l'écart typographique (*italiques* isolées du contexte non cité, PETITES CAPITALES propres au texte cité, interférences possibles avec des sigles de l'étude) ou donne une redistribution * | entre deux barres verticales| d'une forme de texte non avérée, soit à l'état typographique (calligrammes, rébus, montage, découpage, dialogues de films, émissions radiophoniques...), soit à l'état manuscrit (forme en attente, alternative, options non résolues...).

SIGLES ET ABRÉVIATIONS

RÉFÉRENCES COMPLÉMENTAIRES
propres à cette livraison

ÂD	« L'Âme et la danse »	[*D*; II]
Ch	*Charmes*	[I]
CM	« *Le Cimetière marin* »	[*Ch*; I]
CN	« *Cantate du Narcisse* »	[*M*; I]
D	*Dialogues*	[II]
DA	« Dialogue de l'arbre »	[*D*; II]
E	« Eupalinos »	[*D*; II]
JP	*La Jeune Parque*	[I]
LV	« Introduction à la méthode de Léonard de Vinci »	[*V*; I]
M	*Mélange*	[I]
MF	« "Mon Faust" »	[*D*; II]
MT	*Monsieur Teste*	[II]
PA	*Pièces sur l'art*	[II]
V	*Variété*	[I]

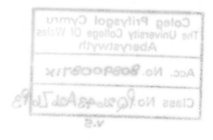
3

avant-propos

U NIR dans un même titre musique et architecture, c'est poser d'emblée tous les problèmes essentiels à la création esthétique selon Valéry : telle est, en effet, la référence première de toute sa « poïétique ». C'est aussi remonter aux origines, à l'exaltation symboliste pour la composition musicale, au goût très vif pour l'architecture et l'ornement qui caractérisèrent chez le jeune Valéry les années de formation. Deux passions qu'il évoqua toujours non sans nostalgie. De cette effervescence montpelliéraine il lui restera un attachement à ces deux arts, une fascination par la suite maîtrisée — comme toute démarche instinctive doit l'être par l'esprit valéryen — qui guidera le poète dans sa recherche d'une méthode et de modèles de composition.

Si le goût de l'architecture demeure présent dans la quête de structures et de proportions harmonieuses, la musique semble cependant dominer — et elle occupe effectivement une place prépondérante dans les articles du présent recueil, comme elle a dominé les débats du colloque dont il est issu (il s'agit, comme pour les précédents volumes, d'un colloque organisé à Montpellier les 12 et 13 mai 1978, au Centre d'Études Valéryennes de l'Université Paul Valéry). Comment s'en étonner ? Au centre de toute préoccupation valéryenne concernant la création esthétique, un nom : Wagner, la découverte essentielle, fulgurante et définitive des années Quatre-vingt-dix. Un Wagner envié, adoré, haï, désespérant, — par la suite analysé, assimilé, sans doute aussi dévié vers le tempérament valéryen, mais toujours présent, comme le montre ici Ned Bastet.

La relation du musicien-compositeur et de l'architecteconstructeur s'inscrit dans ce contexte dès l'*Orphée* des jeunes années. C'est pourquoi nous avons voulu cerner d'abord sous cet aspect particulier les rapports que Valéry entretint, durant toute sa carrière, avec les arts. Toute création artistique, on le sait de reste, l'intéressait, et l'on connaît l'importance que les arts plastiques, la peinture en particulier, eurent dans sa formation, cela également dès l'adolescence. L'œuvre s'implante ainsi dans l'existence de l'auteur, et mûrit intérieurement à l'occasion des rencontres heureuses, des révélations, souvent soudaines, de formes esthétiques pénétrant et activant la dynamique créatrice. Nul doute que les nombreuses relations que Valéry a pu entretenir avec les artistes — peintres, sculpteurs, musiciens, architectes — qu'il a fréquentés ou l'actualité qu'il a vécue n'aient eu leur part dans cette genèse. C'est là un angle de vue non négligeable pour le sujet qui nous occupe, et qui ne peut être passé sous silence.

Pour l'heure, toutefois, nous avons préféré privilégier une autre perspective en insérant ce goût pour la musique et l'architecture, unies par une même motivation, dans une conception et une technique de l'activité créatrice propres à Valéry. En ce sens, ce volume peut se placer dans le prolongement des deux précédents. Tout se tient chez Valéry, et c'est ce qui fait la complexité de sa recherche et de la nôtre, dès qu'est abordé n'importe quel point particulier. La référence constante aux Cahiers fait apparaître en tout domaine les liens permanents entre la réflexion d'ordre général, à tendance globalisante, sur le fonctionnement de l'esprit et l'entreprise de création, saisie elle-même comme objet d'observation et d'analyse. De même que cette analyse à son tour, si elle bénéficie d'une séduction propre, est mue par le secret désir d'apporter, mieux encore que des modèles, les éléments les plus affinés de la synthèse créatrice.

De la recherche d'un « Système », de l'effort pour cerner les limites et les possibles du « pouvoir de l'esprit » à l'acte de composition et de construction que cherche à définir une « poïétique », il y a une relation directe et même réciproque.

C'est ce que nous avons tenté de mettre en lumière en abordant l'étude des relations multiples de Valéry avec la musique et l'architecture.

Multiples, car, comme l'annoncent les titres des différents textes que nous présentons, l'on voit apparaître, ou plutôt reparaître bien des notions qui ont été déjà abordées, et des termes que l'utilisation qu'en fait Valéry dote d'un grand pouvoir polysémique. Il en est ainsi de notions capitales comme celles de « résonance » ou d'« harmoniques », qui tiennent à la fois du vocabulaire scientifique et de celui des techniques esthétiques propres aussi bien à la musique qu'à l'architecture, et qui permettent à Valéry de jouer sur cette ambiguïté pour affiner son analyse.

*

Cela dit, les problèmes d'ordre technique restent entiers, tels que Valéry les a clairement posés et, à sa manière, partiellement et difficilement résolus dans son œuvre. Par exemple, comment opérer la transposition, ou plutôt quel équivalent trouver dans l'écriture — poésie ou dialogue dramatique — à des techniques relevant d'un autre art ? C'est le problème crucial des structures musicales du poème ou du mélodrame, celui qui engendre ce sentiment d'envie désespérée devant la page aux vingt portées du musicien. Ce n'est là peut-être, en vérité, qu'une figure un peu simple de l'ambition valéryenne : le désir de voler ses secrets au compositeur, au constructeur (les deux ici se confondent), va bien plus loin. Mais comment, d'un art à l'autre, faire passer l'échange d'un niveau « formel » — la « partition » d'*Amphion*, par exemple — à celui des structures fondamentales étroitement imbriquées et commandant le « significatif » : images, constructions verbales, phoniques, métriques et autres ?

Ou encore ceci : à quel type de musique, de composition se réfère Valéry, lui qui ne rêve que d'harmoniques et de modulation tout en fréquentant les musiciens les plus modernes de son temps : Debussy, Honegger, Germaine Tailleferre ? Pris

7

entre Glück et Wagner, voyant dans la fugue de Bach le sommet de l'art, il trouve dans les musiciens du Groupe des Six des collaborateurs à sa convenance. Il est vrai qu'il a obtenu d'Arthur Honegger la plus belle des fugues, et réussi à plier la musique de Germaine Tailleferre à la loi de l'alexandrin !

Sa relation avec l'architecture poserait des problèmes du même ordre. Le souvenir des épures de Viollet-le-Duc et des principes de Vitruve suscite en son imaginaire un rêve de proportions idéales et d'ordre imposé par l'esprit au désordre de la nature. La Thèbes d'*Amphion*, toute hantée par le « *Cantique des Colonnes* », forme une projection amplifiée du petit temple parfait d'Eupalinos : les ébauches que dessina l'auteur lui-même pour le décor de sa pièce le montrent bien. Mais du domaine de l'espace — espace concret de la scène en représentation, espace fictif du poème — la relation avec l'architecture déborde et s'insinue dans tous les aspects de l'œuvre. Car elle passe à son tour par la musique des proportions et l'émotion synesthésique que le créateur transmet à travers sa création.

Tous ces thèmes de réflexion fournirent la trame du colloque de Montpellier et se retrouvent dans ce volume. Certains articles traitent des problèmes fondamentaux sur un plan général. Ainsi Karl Alfred Blüher étudie l'utilisation systématique et parfois ambiguë que fait Valéry de la terminologie musicale dans l'expression de sa théorie poétique. Nicole Celeyrette-Pietri met en lumière l'apport des modèles architecturaux et musicaux dans le traitement des problèmes abstraits posés par la recherche de Valéry, et la relation étroite qu'il instaura très tôt entre ces deux arts. Judith Robinson-Valéry montre, à travers une étude sur la voix et le cri, l'importance du chant dans le processus de composition poétique valéryen et la genèse du poème.

Sur un plan plus particulier, d'autres études prennent pour base de réflexion une œuvre ou un fragment caractéristique. Ned Bastet montre comment se forme, sous le double signe d'Éros et de Wagner, la figure valéryenne de la Walkyrie.

8

Hartmut Köhler — qui, pendant le colloque, a fait entendre la musique d'*Amphion* — présente une analyse musicale de l'œuvre assortie d'une réflexion sur les rapports de Valéry avec les musiciens de son temps. Enfin, Jean-Pierre Chausserie-Laprée et Michel Gauthier apportent le point de vue non négligeable des linguistes : le premier en mettant à jour les structures à la fois musicales et architecturales d'un fragment de *La Jeune Parque* — celui de l'endormissement (vers 425 à 464) — à la lumière des travaux très approfondis qu'il a entrepris sur ce poème ; le second en présentant, par l'analyse de quelques fragments, le système de construction musicale qui caractérise aussi bien l'architecture d'ensemble que la composition du détail dans les « *Fragments du Narcisse* ».

Une table ronde, animée par Jean Levaillant, termina le colloque. Des difficultés d'ordre technique nous ont empêchés de la transcrire *in extenso*, comme nous avons coutume de le faire. Nous le regrettons d'autant plus qu'elle fut particulièrement longue et riche en discussions. Nous avons donc pris le parti d'en présenter un résumé assez large pour donner à nos lecteurs une idée des questions essentielles qui furent abordées durant ces débats.

Les philosophes et les linguistes, qui avaient déjà participé au colloque par des communications, purent y engager un dialogue actif avec les littéraires, ainsi que plusieurs spécialistes de musicologie, présents dans l'auditoire. C'est cette diversité, enrichissante pour chacun, que nous avons cherché à transcrire dans ce volume, dont le thème général ouvre une nouvelle voie dans notre recherche : celle qui, par une analyse multiple dans ses méthodes et aussi précise que possible, remonte vers les arcanes de la création, à ce point où prend son origine, dans le chant d'une voix sans mots et la complexité des structures possibles, la dynamique de l'acte créateur.

Huguette LAURENTI

9

1

« *univers musical* » et « *univers poétique* »
LA TERMINOLOGIE MUSICALE
dans la théorie littéraire de Valéry

par Karl Alfred Blüher

« *L ES routes de Musique et de Poésie se croisent* » (*Œ*, II, 637).
Telle a toujours été la conviction de Valéry. Aussi n'est-il
nullement étonnant de voir qu'il n'existe guère de texte de
Valéry sur la poétique qui ne fasse appel à des comparaisons
avec la musique ou qui n'emploie une terminologie musicale.
Qu'il disserte sur les problèmes de création ou de réception
littéraire, sur le caractère langagier de la poésie, sur la différence entre poésie et pensée abstraite ou sur d'autres questions de ce qu'il appelle la « *Poétique* » et « *théorie de Littérature* » (I, 1441), il ne cesse d'emprunter son vocabulaire
conceptuel à la musique[1].

Ce recours extrêmement fréquent à une terminologie musicale de Valéry s'explique, à notre avis, par deux faits qui se
complètent réciproquement. Premièrement, par l'attrait qu'il
éprouvait pour le « formalisme » abstrait des termes de technique musicale, et deuxièmement, par l'observation de certaines analogies profondes qu'il constatait entre l'esthétique du
son musical et celle du son verbal.

En ce qui concerne le premier point, il convient d'ajouter
que la même attirance pour une terminologie « formaliste » a
engagé Valéry à enrichir le vocabulaire théorique de sa Poétique de notions prises dans d'autres arts « formels » tels que

l'architecture, la peinture et la danse, phénomène qui mériterait certes une étude séparée. Cependant, comme Valéry voyait clairement que « *la terminologie dans les arts, et particuliè-rement dans l'art littéraire, est des plus incertaines* » (Œ, I, 1442), il s'est aussi tourné volontiers vers le langage formel et symbolique des sciences exactes qui avait l'avantage de présenter une terminologie beaucoup plus précise. Une étude complète de ce vocabulaire technique tiré des sciences exactes s'impose de façon particulièrement urgente car elle serait à même de mettre davantage en valeur le caractère « fonctionnel », « préstructuraliste » de la théorie littéraire de Valéry.

Les raisons profondes qui ont amené Valéry à rapprocher sans cesse musique et poésie, sont à chercher, comme nous allons voir, moins dans les aspects « formalistes » de l'esthétique musicale que dans la parenté entre musique et poésie en ce qui concerne la création et la réception d'un « univers de résonance harmonique » similaire, problèmes qui touchent avant tout aux théories valéryennes des « harmoniques », de la « voix », de l'« enchantement », de l'« indétermination » et de l'« infini esthétique », et qui aboutissent — fait, à notre avis, capital pour la compréhension de la poétique de Valéry — à une « *esthétique de l'œuvre ouverte* » au sens qu'Umberto Eco a donné à ce terme[2].

Interrogeons donc les écrits de Valéry, et en particulier les Cahiers, pour analyser les différentes fonctions de la terminologie musicale employée ainsi que pour saisir les motifs essentiels qui ont incité ce poète-théoricien à se servir de concepts musicaux dans sa poétique. N'étant pas musicologue, force me sera de me limiter dans cette étude, qui ne prétend d'ailleurs pas être exhaustive, à aborder cette problématique sous un angle strictement littéraire.

Dès le début, il me paraît indispensable d'adopter le point de vue de Valéry qui, comme on sait, établit la distinction fondamentale en matière esthétique entre « producteur », « œuvre » et « récepteur », théorie qui s'appuie — comme je l'ai montré ailleurs — sur un modèle sémiotique de la communication esthétique et littéraire qui apparaît, de façon explicite, dans les Cahiers depuis 1911[3]. « *S'agissant des choses de l'art il y a, avant toute chose, trois facteurs à distinguer : un créateur ou auteur ; un objet sensible, qui est l'œuvre ; un patient, lecteur, spectateur, auditeur.* » (« Vues », 293). Toutefois, comme il y a selon Valéry incompatibilité absolue entre les points de vue d'analyse de chacun de ces trois facteurs, toute approche méthodologique devrait aborder les questions de création, d'analyse et de réception d'une œuvre dans une perspective bien distincte. En effet, si l'on étudie « l'univers poétique », comme dit Valéry, *a parte auctoris*, les problèmes de rapprochement entre musique et littérature se présentent sous un angle souvent très différent de celui d'une critique qui examine ces mêmes analogies *a parte lectoris*[4].

Tout lecteur de la conférence sur « Poésie et pensée abstraite » se souvient de la fameuse comparaison qu'il y propose entre ce qu'il appelle *« l'univers poétique »* (Œ, I, 1326), qui à ses yeux concerne tout particulièrement la poésie lyrique, et l'*« univers musical »* « *monde de l'art musical, monde des sons* » (1327). Pour mieux expliquer certains aspects de la création et de la réception littéraires, il fait appel, dans ce texte, à des phénomènes d'esthétique et de psychologie musicale qui présentent, selon lui, des ressemblances frappantes avec l'univers de la poésie. Quels sont donc ces phénomènes musicaux qu'il essaie de définir et de caractériser par cette notion un peu vague d'« univers musical » ? Et quels sont les aspects qui l'intéressent avant tout dans cette définition ?

Comme Valéry a consacré un grand nombre de textes à l'élucidation de ce concept, il est facile de noter qu'il entend par « univers musical » un système de sons cohérent et ordonné, bien défini et organisé, qui se détache d'un désordre préalable de sons bruts qui sont, à leur tour, « *prélevés sur l'ensemble des* bruits » (Œ, I, 1413). À y voir de plus près, Valéry semble admettre que cet « *univers musical* [...] *avec tous ses rapports et ses proportions* » (1327) est un univers fondé sur les principes de tonalité et d'harmonie tels qu'ils

13

étaient communément admis dans la théorie de la musique occidentale avant l'avènement du dodécaphonisme et les expériences modernes de musique sérielle[5]. Valéry semble également accepter qu'un tel *« univers musical » cohérent et harmonique est pour ainsi dire donné et comme inhérent à tout auditeur ou compositeur de musique, du moins à tous ceux élevés dans les traditions de la culture occidentale. Nous reviendrons sur ce point.

Or, ce qui manifestement retient surtout l'attention de Valéry dans l'organisation de cet « univers musical », c'est qu'il s'agit de la combinaison en apparence paradoxale d'un phénomène sensoriel, fondé — selon lui — « *sur la* sensibilité *générale (Loi I) à partir de la* sensibilité particulière *auditive (Loi II)* » (*C*, XIX, 878), avec un « *art abstrait* » fondé sur un système fonctionnel de « *structures* » opératoires. « *La musique* [...] [explique-t-il] *l'art le plus organique — le plus corporel — plus que la danse ! L'ouïe — et les grands syst[èmes] affectifs — viscéraux. Pathos. Mais, d'autre part, l'art le plus structural — Art d'opérations — Intuition de transformations* ». Ainsi, la musique présente des caractères qui s'avèrent fondamentaux aussi pour son analyse des phénomènes littéraires : importance du corps et de la sensibilité dans les actes de création et, surtout, de réception poétique et nécessité, en plus, d'une « technique » élaborée pour la composition d'un ouvrage. L'idée d'« univers musical » implique ces deux aspects fondamentaux de l'esthétique de Valéry, l'aspect sensoriel et corporel et l'aspect fonctionnel et structural.

Ces idées de Valéry ne sont pas nées uniquement de réflexions abstraites, mais s'inspirent, comme on sait, d'une exaltation vraie et ardente pour la musique, et, avant tout, pour l'œuvre passionnément admirée et désespérément enviée de Richard Wagner[6]. À l'audition, la musique wagnérienne a dû lui communiquer ce sentiment d'un monde de l'art musical qui a développé dans toutes ces possibilités, jusque dans le jeu subtil de ses virtuosités chromatiques et enharmoniques, les structures traditionnelles de l'harmonie tonale. Il suffit, pour comprendre cette influence décisive du compositeur allemand, de lire l'allocution prononcée en 1931 intitulée « Au concert Lamoureux en 1893 » et qui décrit l'enchantement causé à Mallarmé et à ses jeunes disciples par l'audition des œuvres de Beethoven ou de Wagner. Comme le prouvent ses articles « Sur la technique littéraire » (1889) et « Paradoxe sur l'architecte » (1891), Valéry a essayé d'analyser très tôt ce qu'il appelle « *la théorie musicale wagnérienne* » (*Œ*, I, 1832) qu'il a rapprochée de la *Poétique* d'Edgar Allan Poe. Et il n'a jamais cessé, durant sa vie, de se référer aux œuvres de ce compositeur qui lui semblent encore en 1941 le modèle inégalable d'une musique parfaite, digne d'une « *admiration perpétuelle* » (*C*, XXV, 191). C'est évidemment l'idéal d'un univers musical régi par les lois de la tonalité que Valéry a conservé jusqu'au bout.

Ne soyons donc pas surpris de la fidélité de Valéry à ce modèle esthétique d'une structure à organisation harmonique également dans sa théorie littéraire. À ce niveau de comparaison, univers musical et univers poétique se correspondent parfaitement. Mais les points communs entre musique et poésie dépassent évidemment ce point de vue général.

Des rapprochements entre les deux arts s'imposent, comme nous allons le voir d'abord, dans la théorie de la production esthétique où Valéry distingue, aussi bien pour la poésie que pour la musique, deux phases de la création, une première, émotive, qui aboutit à une composition spontanée, associative, fragmentaire, et une deuxième, de technique et de calcul, qui présuppose une connaissance complète des moyens que chaque art met en œuvre. C'est dans « Poésie et pensée abstraite » que Valéry a décrit la première phase d'une création musicale qu'il a pu observer au cours d'une promenade. Il s'agissait du développement d'une « *intuition rythmique* » (*Œ*, I, 1323) préconsciente, grâce à laquelle un premier rythme s'imposa, auquel s'ajouta un deuxième, ce qui finalement, par l'établissement de « *relations* transversales » (1322) entre ces rythmes, aboutit à une « *composition* » spontanée très complexe, à un

15

« *développement à plusieurs parties* », qui était accompagné d'une sensation d'étrangeté pénible, presque inquiétante. Valéry explique ce phénomène d'une création inattendue par une « *excitation générale* » (1323) dans son cerveau, qui est en rapport avec une certaine « *harmonisation* » de ses divers « *"temps de réaction"* », excitation qui, comme il dit, finit par se satisfaire et se soulager comme elle peut en dégageant « *de l'énergie* ».

On reconnaît, dans cette description un peu sommaire, des conceptions bien connues de Valéry qui font partie de sa théorie des « harmoniques »[7]. D'après cette théorie il existe dans l'ordre de la sensibilité un système fonctionnel dynamique, indépendant de tout ordre significatif conscient, qui dépend de certaines relations « *harmoniques* » (*C*, XI, 74) de « *résonance* » réciproque où demande et réponse se suivent automatiquement. Vu sous l'angle de cette théorie des « harmoniques », la « *création artistique* » dans sa « *phase spontanée, réflexe* » apparaît, aux yeux de Valéry comme une sorte de « *reprise d'équilibre* » du système humain où le « *vide* » peut appeler, comme réponse à sa demande, aussi bien qu'autre chose, un « *certain rythme* ». Citons encore un autre texte de Valéry qui résume l'essentiel de cette hypothèse fondamentale :

Harmoniques — Ce que je nomme ainsi.
A chaque sens correspond une variété propre et irréductible de sensations. Or, on observe qu'il existe entre ces productions du même sens (qui sont irréductibles entre elles) des relations de substitution propre spontanée qui apparaissent si l'intensité et la durée sont suffisantes.
Chaque sensation semble tendre à produire une sensation (du même groupe) qui tendrait à la reproduire — ou serait le medium, le chemin de la première.
La réponse de la demande est demande de la demande première. A demande ce qui demande A^b.
Ce n'est pas une égalité — Mais ceci tend à produire l'*égalité* — terme final de la sensibilité.
Ce sont des propriétés intrinsèques de la sensibilité — fonctionnelle pure — sans application à la « *connaissance extérieure* »; mais conditions énergétiques, sans doute, du fonctionnement local.

Or les arts *utilisent* ces propriétés — qui sont leur substance.
Ils les sélectionnent et développent — Sons purs

(C, XXVIII, 388)

Ces harmoniques comme, entre autres, les sons purs, sont
« [*l*]*es valeurs supérieures de la Sensibilité*, qui s'ordonnent en
groupes *(au sens quasi-mathématique du mot) et qui sont la*
structure abstraite *de nos modifications les plus concrètes —
les* sensations en soi, au-dessus de toute signification »
(*C*, XXVI, 442), valeurs qui jouent pour Valéry un rôle capital dans
la première phase spontanée de la création poétique, car la
constitution de l'univers poétique est, à ses débuts, également
un phénomène de la sensibilité pure. L'ébranlement initial qui
se révèle selon Valéry subitement et sans cause apparente,
peut être aussi bien un rythme au sens musical qu'un rythme
au sens littéraire. Dans le cas du « *Cimetière marin* », comme
Valéry l'a signalé dans un texte célèbre, le rythme originel qui
s'imposa, fut un vers de dix syllabes, dans celui de « *La
Pythie* », un vers de huit syllabes (*Œ*, I, 1338).

Comme ce que Valéry décrit dans ces analyses du processus
de la création poétique vise en premier lieu le *niveau phonique* des structures verbales qui se présentent à son esprit, il
est tout naturel qu'il adopte pour la notation de ce qu'il
appelle lui-même les « *caractères sensibles du langage* » (*Œ*, I,
1332) une terminologie principalement empruntée à la musique.
En effet, Valéry voit dans la texture phonique d'un premier
vers « *donné* » une « *forme musicale* » qui se présente initialement comme une « *figure rythmique vide* » (1503) ou « *structure
vide* » (1474), c'est-à-dire comme un élément uniquement
sonore, dépourvu encore de sens. À ce niveau, il lui paraît
légitime de rapprocher cette « forme musicale » du langage de
l'enchaînement des sons musicaux. C'est pourquoi toute une
gamme de notions d'origine musicale, comme « *rythme - son -
sonorité - accord - timbre* » (1338, 1474) peut lui servir d'instrument conceptuel — d'ailleurs peu précis — pour caractériser ces structures vides de sens, mais pleines de sonorités.
C'est cette « *musique verbale* » (II, 1119) intérieure spontanée

qui est essentielle à la constitution initiale de l'univers poétique.

Valéry a, bien sûr, pleine conscience du fait que cette forme musicale dépend de la musicalité spécifique de chaque langue. La « *singularité de la langue française au point de vue musical* » (*C*, VI, 344) est un phénomène dont il s'est occupé à plusieurs reprises. « *La musique de notre langue* [observe-t-il] *est si cachée, si inconstante — elle doit être si positivement cherchée et créée contre la langue même, qu'elle n'y existe que par artifice* [...]. *Ce n'est que dans de très petites pièces que le français est musical sans trop de recherche. Et il l'est plus en suggérant un air sur lequel les paroles se chanteraient, que formant de soi seul une véritable musique.* » (705).

L'importance que Valéry attache à cette question de la musique verbale est telle qu'il a même envisagé le projet d'une « *Hist*[*oire*] *de la poésie française fondée sur la musicalité ou variation de l'importance et délicatesse de la musique verbale — à travers les âges* » (*C*, XVI, 30). Les remarques pénétrantes que Valéry n'a cessé de formuler à propos de la musicalité de la poésie symboliste française sont évidemment l'exemple le plus probant de l'intérêt constant qu'il a porté à un tel dessein. Valéry a même été induit à surestimer quelque peu le phénomène de la musicalisation du vers français à l'époque du Symbolisme : « *Ce qui fut baptisé :* le Symbolisme [a-t-il dit avec une formule célèbre], *se résume très simplement dans l'intention commune à plusieurs familles de poètes* [...] *de "reprendre à la Musique leur bien".* » (*Œ*, I, 1272). Retenons de l'ensemble de ces considérations sur le caractère musical de chaque langue, que pour Valéry la création poétique dépend essentiellement de phénomènes harmoniques de la sensibilité qui ordonnent en groupes les éléments phoniques de la langue particulière du poète. Ces harmoniques de la musique verbale ne sont donc pas des faits naturels, mais des structures qui ont été créées au long d'une évolution lente de la sensibilité humaine, dans un contexte culturel spécifique, à partir, bien sûr, d'un paramètre fondamental anthropologique de possibilités phoniques.

Grâce à cette conception en quelque sorte « structuraliste » du système phonique de la langue, la création poétique initiale devient pour Valéry un jeu combinatoire générateur d'unités sonores qui est déclenché par l'automatisme du système « implexe » des harmoniques, et qui est donc comparable à l'opération combinatoire réalisée par les structures purement tonales dans la composition musicale. Mais à l'opposé du musicien qui dispose d'un « *univers des sons* [...] *bien défini et organisé* » (Œ, I, 1413), le poète doit se contenter de l'instrument beaucoup moins « pur » qu'est le langage (1414-5, 1327 sq.). Valéry constate avec regret que dans l'univers poétique en tant qu'univers du langage il n'y a « *rien de pur ; mais un mélange d'excitations auditives et psychiques parfaitement incohérentes. Chaque mot est un assemblage instantané d'un* son *et d'un* sens, *qui n'ont point de rapport entre eux* » (1328).

Mais quelle est donc selon Valéry l'autorité qui règle en dernière instance le jeu automatique des structures harmoniques de la musique verbale ? C'est la « voix en acte », dont Nicole Celeyrette-Pietri a analysé la fonction clef dans le système du Moi valéryen[8].

Le véritable principe poétique [*a dit Valéry*] [...] est à rechercher dans la voix et dans l'union *singulière*, exceptionnelle, difficile à prolonger de la voix avec la pensée même (L'une *spontanée* et l'autre mère des réflexions et des additions). Donner à la voix en acte une sorte de vie propre, autonome, intime, impersonnelle — c'est-à-dire personnelle-impersonnelle (par opposition avec personnelle-accidentelle), faire de la parole un résonateur de l'esprit, c'est-à-dire *du tout perçu et percevant*, subissant et répondant, — tel est le but, le désir, le signe, le commandement.   (C, VII, 71)

Ce n'est donc pas une autorité extérieure, de convention normative traditionnelle, mais un principe intérieur. Et c'est un principe qui, lui aussi, est surtout d'ordre musical : « *Poésie. Le principe de la Voix, c'est-à-[dire] la Voix chantante — comme condition* [...] » (C, VII, 125). « *On fait les vers de sa voix* » (538), « *au commencement est la Voix. Et la voix dit*

19

d'abord être voix — *Événement. Signe. Trace d'homme et d'homme en émoi — de Présence sans distinction de son et de sens — de musique et de connaissance»* (XXII, 862).

Cette voix intérieure se manifeste comme un cas particulier du langage intérieur, dans le circuit de communication intime que Valéry appelle «*la bouche-oreille secrète de l'auteur*» (*C*, VI, 177) : «*Que de poèmes, de longs, très longs poèmes partis sur un fragment d'un vers formé tout seul non dans l'idée, mais dans la bouche-oreille secrète de l'auteur! Qui est l'auteur? Ce fragment s'impose, obsède comme une nécessité, comme un germe [...].*» Le poète qui écoute cette «*voix*» (VII, 164), ce «*complexe de musique et de sens*», détient la «*clé de la poésie*». Pour Valéry, la voix intérieure peut devenir ainsi l'expression de sa personnalité la plus profonde et la plus vraie : «*La plus belle poésie a la voix d'une femme idéale, Mlle Âme. Pour moi la voix intérieure me sert de repère. Je rejette tout ce qu'elle refuse, comme* exagéré*; car la voix intérieure ne supporte que les paroles dont le sens est secrètement d'accord avec l'être vrai; dont la musique est le graphique même des mouvements et arrêts de cet être*» (VI, 169-70).

Cette conception de la voix intérieure qui dépend d'une analyse anthropologique très poussée de l'homme, formé et programmé d'après Valéry par des systèmes naturels et culturels, marque évidemment la différence essentielle entre son point de vue et celui de Mallarmé qui, lui, s'était contenté de s'arrêter au niveau de l'écriture interprétée comme une sorte d'auto-manifestation impersonnelle du langage en tant que livre au sens que Mallarmé a donné à ce mot, c'est-à-dire d'écrit-projet du Livre. «*Mais, au fait, qui parle dans un poème?* [remarque Valéry] *Mallarmé voulait que ce fût le Langage lui-même. Pour moi, ce serait l'Être vivant et pensant... et poussant la conscience de soi à la capture de sa sensibilité [...] En somme, le Langage issu de la Voix plutôt que la Voix du Langage*» (*C*, XXII, 436). Soulignons que cette différence décisive entre Valéry et Mallarmé indique, en même temps, ce qui sépare la théorie littéraire de Valéry des théoriciens actuels de l'«écriture», comme, en particulier, de Philippe Sollers et de sa théorie de l'«écriture textuelle»[9].

Puisque la voix ainsi comprise est une voix fortement musicale, elle se rapproche finalement, par la continuité du son musical, du chant et crée dans le poète par le phénomène de résonance multiple ce que Valéry a nommé «l'état chantant». «*Poésie est "univers" de résonance. Ce qui "chante", fait chanter*» (*C*, XVI, 50).

La poésie est — l'état *chantant* — (retentissant — résonnant — rebondissant) de la *fonction qui parle* et par conséquence, de *tout ce que l'homme a fait* entrer dans cette fonction [...]. Etat vibratoire du système des mots et dans lequel état ils se répondent — changent de valeur — L'état vibrant chantant — comme si le dictionnaire interne, la table des signaux-en-puissance était... *tendue* et les liaisons avaient changé de tensions mutuelles. (*C*, XI, 744)

Dans la notion de la *voix intérieure* qui compose de sons musicaux un chant intérieur, nous retrouvons la conception des harmoniques : «*Harmoniques — psycho-physiques généralisés — sont la substance de la poésie. Par là est le chantant, le résonnant*» (*C*, XII, 435). Ce qui démontre clairement que pour Valéry les notions de *voix* et de *chant* sont indissolublement liées à l'idée d'une harmonisation des éléments phoniques du langage intérieur dans l'état chantant. «*Dans aucun art* [souligne Valéry] *rien n'est fait, tant que le* chantant *n'a pas été trouvé, c'est-à-dire la* température *à laquelle les transformations ou substitutions, les parties diverses sont harmoniques* [...].» (XIV, 777).

Comme nous avons pu le constater, l'univers poétique qui se forme selon Valéry spontanément dans la phase initiale de la création littéraire, est en tant qu'état vibrant, résonnant et chantant du système signifiant tout à fait comparable à l'univers musical régi et orchestré, lui aussi, par un système de résonances tonales. On comprend pourquoi Valéry s'est servi de préférence de notions musicales pour décrire et expliquer des phénomènes littéraires et qu'il a même pu parler d'une musicalisation totale dans le cas du monde poétique puisque les «*objets et les êtres connus sont* [...] *devenus résonnants l'un par l'autre, et comme* accordés *avec notre propre sensibilité*» (Œ, I, 1459). Mais le fait essentiel dans la théorie valéryenne de l'univers poétique concerne l'hypothèse d'une harmonisation générale de tous les facteurs impliqués, hypothèse qui rejoint sa thèse d'un univers musical fondamental, fondé sur le principe d'harmonie : L'univers de la poésie est un «*univers de relations réciproques, analogue à l'univers des sons, dans lequel naît et se meurt la pensée musicale*» (1502). Valéry est visiblement hanté par cette idée centrale d'un «*monde* — *ou* [*d'*]*un* mode d'existence — *tout harmonique*» (1503). Il croit pouvoir retrouver, à travers cet état d'harmonie généralisée une unité profonde des phénomènes humains : «*Poésie* — [dit-il] *en tant qu'état de soi* — *Est état dans lequel toutes choses paraissent d'un monde dont la loi ou la substance est* harmonique — *c'est-à-dire où l'arrivée des phénomènes, leur présence, leur diversité sont liées entr'elles et eux entre eux* — *comme les notes de la gamme* — *sont comme parties d'une unité et d'une nécessité à la fois formelle et significative* [...].» (C, XV, 409).

On voit donc pourquoi le postulat d'harmonie que Valéry pose comme principe pour le monde poétique a pu jouer un rôle prépondérant quand Valéry a repris ses exercices poétiques en 1912, et que tout son effort s'est porté à harmoniser les structures verbales de sa poésie, en s'inspirant des traditions symbolistes, mais aussi des conventions de la poétique classique. Valéry lui-même a, par exemple, parlé de l'harmonie générale qu'il a introduite dans la composition du «*Cimetière marin*» (C, I, 296). Mais ce postulat explique également pourquoi Valéry n'a jamais pu pleinement accepter les tentatives des poètes surréalistes dans lesquelles il ne croit voir qu'un phénomène «*désordonné*» (Œ, II, 1214), «*spontané*», «*incohérent*» et «*informe*», un «*ton égaré*» et «*le hasard des mots*».

Il est évident que le besoin que ressent Valéry de conserver le principe traditionnel d'harmonie et de cohérence dans l'univers poétique est étroitement lié avec son adhésion ininterrompue et inconditionnée à un univers musical cohérent et harmonique, et que l'emprise extraordinaire que la musique de Wagner a eue sur le poète a dû le raffermir dans cette attitude conservatrice. Il ne semble d'ailleurs pas que Valéry ait saisi l'importance des tentatives musicales contemporaines qui s'attaquaient, en niant le principe de tonalité, à la conception traditionnelle de l'harmonie. Si l'on veut rapprocher le point de vue théorique de Valéry en matière musicale de celui d'un compositeur post-wagnérien moderne, c'est à Igor Strawinsky qu'il faudrait sans doute surtout penser. La musique de Strawinsky est caractérisée jusqu'en 1951, année où il abandonna son néo-classicisme musical, par un système d'harmonie «polytonale». Valéry a d'ailleurs lui-même constaté certaines ressemblances frappantes entre les idées esthétiques de Strawinsky, telles que celui-ci les avait formulées dans sa *Poétique musicale* (1942), et ses propres vues exposées dans *Cours de poétique au Collège de France*[10]. Notons que Strawinsky voit dans la composition musicale, qui oppose l'ordre au désordre, la recherche d'une «*unité*»[11] qui se sert, contrairement à toute musique visant la variété et le contraste, essentiellement du principe de l'analogie, base de son système de polytonalité complexe. Mais, comme on sait, ce n'est pas l'harmonie polytonale de Strawinsky qui a soulevé l'admiration de Valéry mais la musique tonale de Wagner, qui a poussé à leurs extrêmes les virtualités du système harmonique occidental traditionnel.

Les affinités que constate Valéry entre univers poétique et univers musical ne sont pas moindres, bien que touchant souvent des aspects très différents, dans la *deuxième* phase de la création littéraire qui est celle d'une élaboration lente et patiente, d'une construction consciente et calculée. C'est dans l'analyse de ce stade de la production littéraire — dont l'importance pour l'esthétique moderne a été reconnue depuis longtemps — que Valéry se souvient que la musique présente le modèle d'un art structural parfait. Comme le poètearchitecte-des-mots et le compositeur-architecte-des-sons se ressemblent selon lui dans leur travail de composition, il est légitime d'emprunter au vocabulaire notionnel de la musique une terminologie formaliste pour décrire les processus de composition littéraire. Bien sûr, Poe et Mallarmé avaient déjà précédé Valéry dans cette voie. Mais dès son premier article «Sur la technique littéraire», Valéry a essayé de rapprocher encore davantage l'idée de la composition littéraire que Poe avait proposée dans sa *Philosophy of Composition* de celle de la composition musicale. Après avoir exposé les conceptions de Poe sur le mécanisme de la gestation poétique dans son poème «*The Raven*», et, en particulier, sur l'emploi délibéré du refrain, il poursuit :

> Supposons qu'au lieu d'un refrain unique et monocorde, on en · introduise plusieurs, que chaque personnage, chaque paysage, chaque état d'âme ait le sien propre ; qu'on les reconnaisse au passage ; qu'à la fin de la pièce de vers ou de prose, tous ces signes connus confluent pour former ce qu'on a appelé le *torrent mélodique* et que l'effet terminal soit le fruit de l'opposition, de la rencontre, du rapprochement des refrains, et nous arrivons à la conception du *Leitmotive* [sic] ou motif dominant qui est la base de la théorie musicale wagnérienne.
> Croit-on impossible d'appliquer ces principes à la littérature ? Croit-on qu'ils ne renferment pas tout un avenir pour certains genres, tels que la Ballade en prose, création de Baudelaire, perfectionnée par Huysmans et Mallarmé ? (Œ, I, 1832)

C'est ainsi que Valéry propose de transférer la notion wagnérienne du *leitmotiv* du domaine musical dans le littéraire. On voit que Richard Wagner est un nom que Valéry a, dès ses tout premiers écrits, associé au nom de Poe pour marquer leur puissance semblable de «*méditation théorique*» («Vues», 288). L'exemple de Poe, comme celui de Wagner d'ailleurs, ne montrent-ils pas selon Valéry «*d'une façon particulièrement éclatante, que l'emploi des facultés abstraites, — d'une sorte de calcul conscient, — puisse, non seulement s'accorder avec l'exercice d'un art, — c'est-à-dire avec la production ou création de valeurs poétiques, — mais encore soit indispensable*» *pour porter à un degré suprême d'efficacité et de puissance l'action de l'artiste et la portée de l'œuvre»* (289). Comme Huguette Laurenti l'a souligné dans son ouvrage *Paul Valéry et le théâtre, «Valéry était surtout sensible aux découvertes formelles dont témoignait cette œuvre et aux leçons qu'il pouvait en tirer.* [...] *Modèle dramatique, l'œuvre de Wagner est aussi modèle de création poétique sur un plan beaucoup plus général»*[12]. Aux yeux de Valéry, Wagner représente donc l'exemple d'un art qui repose sur un calcul conscient des moyens esthétiques.

Dans cette optique, le travail de composition accompli par un musicien ressemble fort à l'acte délibéré de l'écriture :

Écrire (au sens littéraire —) prend toujours pour moi le sens de construction d'un *calcul.* C'est dire que je rapporte l'immédiat, soit à l'idée de problème, soit à celle de solution ; que je reconnais le domaine propre de la *littérature* — au mode de travail opératoire et combinatoire qui devient conscient et tend à dominer et à s'organiser sur ce type [...]. Je me justifie par l'exemple du musicien qui traite par calculs d'harmonie, développe et transforme.   (*C, I, 281*)

Tandis que la première phase spontanée de la création littéraire est initialement l'affaire de la *voix*, la deuxième phase de calcul conscient regarde avant tout l'*écriture*, mais écriture qui se façonne sur le modèle de la composition musicale.

Pendant ce travail opératoire et combinatoire c'est toujours l'idée d'une structure harmonique qui régit l'exécution de l'œuvre. Valéry songe, en effet, «*à des poèmes dans lesquels on tâcherait de rejoindre la complexité savante de la musique en introduisant systématiquement entre leurs parties des rapports "harmoniques", des symétries, des contrastes, des correspondances [...].»* («Vues», 303). Ainsi comprise, la notion de *composition* littéraire peut acquérir un sens presque musical. À propos de «"Mon Faust"», par exemple, il envisage de compléter la «logique d'action» de la structure dramatique par une «structure esthétique» qui consiste à composer, c'est-à-dire à harmoniser et musicaliser à la façon d'un compositeur de musique. C'est toute une terminologie musicale, avec des notions telles que *mode, mouvement, registre, modulation*, etc. qui lui sert à caractériser ce travail de composition :

Musicaliser. Harmoniser.
« Musicaliser », je pense à *Mon Faust* (*Lust* III et IV) — En général, on se contente au théâtre d'une sorte de « logique d'action » — Mais quant à la structure esthétique c'est d'instinct qu'elle se fait. De cette remarque me vient l'idée de *musicaliser* — que j'ai eue et appliquée autrefois à des ouvrages comme le 1er Léonard et mes dialogues.
Il s'agit de *composer*... de vouloir ordonner des parties spécialisées — chacune consacrée à un mode — un mouvement — un registre de mots, un régime de substitutions (raisonnement, imagerie, sentiments), et de ménager contrastes, symétries, et les modulations sur les discontinuités.
Allegro — Presto — etc.   (*C*, XXVIII, 586)

Notons que Valéry, dans ce texte tardif qui explique la composition par une volonté d'ordonner les parties, donc par une action délibérée de l'auteur, précise, avec une formule à première vue paradoxale, qu'une telle composition quasi musicale se fait d'instinct. Or, il est évident que Valéry entend ici par *instinct* autre chose qu'une impulsion innée et spontanée. Il s'agit plutôt d'une volonté intérieure ou sens intime de l'auteur qui « *a pour fonction de lui enseigner instinctivement à louvoyer, à ruser, entre ce qu'il veut et ce qu'il peut* » (*C*, XVI, 345) et qui n'est nullement en opposition avec les actions conscientes et réfléchies : Aux yeux de Valéry l'instinct peut être une « *sensation monogénétique* [...] *d'origine externe* [...] *ou interne* » (XVIII, 316), dont « *la direction* » n'est pas donnée, mais « *cherchée* ». Il souligne que « *la conscience et les calculs viennent se caser dans la suite des opérations de libération de cette sensation initiale* ».

Ne nous attardons pas ici aux notions de composition musicale que Valéry a adoptées dans ses conceptions dramaturgiques car Huguette Laurenti les a déjà commentées en soulignant l'influence décisive de Wagner. Non seulement dans les textes relatifs aux deux mélodrames liturgiques *Amphion* et *Sémiramis*, mais également dans d'autres passages se rapportant à divers projets dramatiques comme « Tibère », « Orphée et Eurydice », « Stratonice » et « "Mon Faust" », on rencontre des termes tels que *mouvement, mode, partition, suite, récitatif,* qui sont transposés du monde musical, représenté avant tout par l'œuvre de Wagner, dans le domaine de la création littéraire. Il est évident que la perspective musicale accentue le formalisme de cette analyse.

Il est par contre beaucoup plus significatif de voir Valéry recourir aussi à ces notions musicales pour caractériser la composition de ses poèmes lyriques. Relevons, en plus de nombreuses notions relatives aux structures phoniques de vers, des termes comme « *mouvement* » (Œ, I, 1504), « *partition* » (1502), « *modulation* » (C, II, 502), « *mélodie* » (XXII, 533), « *récitatif* » (533), « *registre* » (VI, 932), « *contrepoint* » (Œ, I, 1508), pour ne citer que quelques exemples. C'est surtout la composition de *La Jeune Parque* qui a suscité un grand nombre de commentaires qui font tous ressortir la structure musicale de cette œuvre. « La Jeune Parque [a dit Valéry par exemple dans un passage connu des « Fragments des mémoires d'un poème »] *fut une recherche, littéralement indéfinie, de ce qu'on pourrait tenter en poésie qui fût analogue à ce qu'on nomme "modulation", en musique.* » (1473). À la place de la disposition logique et linéaire de la structure thématique habituelle, Valéry propose une organisation interne qui arrange et développe les thèmes à la façon d'une composition musicale, qui formalise donc aussi ce que l'on a coutume d'appeler le contenu d'une œuvre. En théorie littéraire, les termes musicaux font par conséquent déjà en quelque sorte fonction de concepts structuraux aptes à décrire les relations fonctionnelles — ce que Roman Jakobson appelle les rapports d'« *équivalence* » et de « *similitude* »[13], relations existant entre les constituants d'un texte à tous les niveaux de la texture complexe d'une œuvre.

Le formalisme abstrait d'un art non figuratif comme la musique permet ainsi à Valéry d'expliquer des procédés de composition poétique que la terminologie traditionnelle de la critique littéraire serait incapable d'exprimer de façon adéquate.

Pourtant, il est évident que cet emploi «formaliste» de la terminologie musicale n'est jamais pour Valéry un emploi uniquement «fonctionnel» comme il l'est dans la théorie structuraliste de la littérature. Le principe fondamental reste au stade de la composition consciente, comme durant la première phase spontanée, le principe d'harmonie au sens que nous avons déjà analysé. La totalité des structures internes d'une œuvre littéraire, et en particulier d'un poème lyrique, est soumise à une sorte de loi absolue qui est comparable, en musique, au principe de tonalité harmonique. Ce que Valéry vise à obtenir par ce qu'il appelle une «harmonisation» ou une «musicalisation» de l'œuvre, est un système de «résonance» réciproque «pure» dans la structure du texte littéraire. «*La poésie* [écrit-il] *exige ou suggère un* [...] *univers de relations réciproques, analogue à l'univers des sons, dans lequel naît et se meurt la pensée musicale. Dans cet univers poétique, la résonance l'emporte sur la causalité, et la "forme", loin de s'évanouir dans son effet, est comme redemandée par lui.*» (*Œ*, I, 1502). Il s'agit donc d'orchestrer un jeu subtil de correspondances et de contrastes, de dissonances et de consonances, où «*la continuité musicale ne serait jamais interrompue, où les relations des significations seraient elles-mêmes perpétuellement pareilles à des rapports harmoniques*» (1462). Cette «*continuité musicale*» (*C*, II, 1088) dans la poésie doit être toujours celle d'un «*beau son*» et peut se comparer au «*magnétisme*» de la «*voix humaine*» dans le chant.

Comparées à la pure beauté harmonieuse de la vraie musique, telle qu'elle se manifeste aux yeux de Valéry surtout dans l'œuvre polyphonique de Wagner, les possibilités esthétiques du Verbe lui paraissent fâcheusement inférieures. «*En poésie — surtout française —* [constate-t-il avec une certaine amertume] *la composition est une impossibilité. Et il faut d'ailleurs prendre les 80 % de son effort pour vaincre les résistances passives du langage, les associations* parasites *qu'il accroche à chaque mot* [...].» (*C*, XVI, 18). Et c'est en pensant à Wagner, à l'occasion du livre de Guy de Pourtalès, qu'il s'exclame : «*Excitation — le "compositeur" qui est en moi en est tout excité.* [...] *La musique m'aura manqué — et il me semble que j'aurais fait q[uel]q[ue] chose avec ce moyen — — Le grand Art*» (2 nov. 1932)[14].

Cette poursuite du «*grand Art*», qui restera toujours un idéal inaccessible, n'a pas été, pour Valéry, comme certains interprètes ont cru comprendre, une recherche des formes pures du langage au sens de l'art pour l'art, qui porte en lui-même sa seule justification. Elle est, dans sa compréhension la plus profonde, la recherche de l'homme complet, de la réalisation totale universelle de l'être humain, réalisation qu'un compositeur de musique seul peut espérer atteindre. Comme Valéry l'a dit dans une très belle formule : «*La grandiose Musique est l'écriture de l'homme complet*» (*C*, IV, 406), «*la tentative de W[agner] de représenter l'être entier*» (207), se révèle principalement dans la composition de l'œuvre. Car selon Valéry «*la composition est ce qui dans une œuvre porte l'homme —* base *— et* mesure *de toutes choses* [on reconnaît la maxime de Protagoras], *— ce qui demande une intuition ou présence de l'homme complet — Toutes les* unités.» (XVI, 18). Ce texte important indique que dans la pensée de Valéry le principe d'harmonie esthétique est essentiellement lié à l'idée de «l'homme complet» et à la recherche d'une unité dans la pluralité et multiplicité des phénomènes humains. C'est une conception humaniste de l'homme qui est donc à la base de l'esthétique valéryenne de l'harmonie, principe d'ordre et d'unité. Conception humaniste qui rejoint, à travers les siècles, les efforts de l'esthétique grecque. En particulier, cette recherche par la poésie d'une unité harmonieuse profonde de l'homme est, pour Valéry, un moyen de retrouver l'unité précaire entre le corps et l'esprit : «*Poésie est formation par le corps et l'esprit en union créatrice de ce qui convient à cette union et l'excite ou le renforce. Est poétique tout ce qui provoque, restitue, cet état* unitif» (II, 1107). Ainsi, «l'univers poétique» apparaît, à un degré, certes, moindre que «l'état musical», comme un «état unitif» au sens d'une union presque mystique dont nous retrouvons une figuration symbolique dans les scènes d'amour — accord harmonique — entre Faust et Lust («"Mon Faust"» deuxième et quatrième Actes)[15].

Les idées valéryennes sur l'analogie entre création poétique et création musicale prouvent, à notre avis, que, tout en suivant les voies de l'esthétique symboliste — qui fut à ses yeux une tentative de «*reprendre à la Musique* [*son*] *bien*» (*Œ*, I, 1272) —, Valéry a élaboré une théorie de la «production» littéraire qui ne repose plus sur une esthétique philosophique abstraite comme celle de Poe (à base néoplatonicienne) ou celle de Mallarmé (à base d'un nihilisme post-hégélien) mais sur une analyse introspective du Moi à la fois personnel et général, théorie caractérisée par l'hypothèse d'une action combinée d'un système générateur préconscient (le fameux système des «harmoniques») et d'un système générateur conscient (le système du «calcul harmonique»). Malgré le maintien du principe d'harmonie, cette théorie de la création littéraire offre des perspectives pénétrantes et profondes sur la genèse des œuvres d'art qui méritent sans aucun doute d'être rapprochées des théories actuelles de la production esthétique.

*

Avant d'aborder, dans la dernière partie de notre exposé, les ressemblances entre littérature et musique sous l'angle de la réception esthétique, mentionnons brièvement que pour Valéry, qui n'avait connaissance que des méthodes phonétiques discutables de son temps, l'analyse de l'«œuvre en soi» («Vues», 294) était une entreprise plutôt vaine (voir «Vues», 294; *C*, XIV, 274). Par contre, le point de vue sémiotique de la «consommation» esthétique est pour Valéry d'un très grand intérêt et présente de multiples rapprochements entre poésie et musique. C'est peut-être même dans cette partie de la théorie littéraire de Valéry que l'on trouve les points communs les plus étonnants avec la réflexion actuelle des esthéticiens et des théoriciens du littéraire.

Rappelons-nous bien d'abord que, selon Valéry, «*un poète* [...] *n'a pas pour fonction de ressentir l'état poétique : ceci est une affaire privée. Il a pour fonction de le créer chez les autres.* On reconnaît le poète [...] *à ce simple fait qu'il change le lecteur en "inspiré"*» (Œ, I, 1321). Cette «*théorie des effets*»[16] qui suppose dans le récepteur un «*univers poétique*» analogue à celui du poète (1327), nous fait retrouver les mêmes analogies entre musique et littérature dans «*l'état harmonique*» du lecteur que nous avons déjà analysées *a parte auctoris.*

Bien entendu, Valéry doit confesser que du point de vue de l'auteur l'«*effet de cette machine* [à produire l'état poétique au moyen des mots] *est incertain, car rien n'est sûr, en matière d'action sur les esprits*» (Œ, I, 1337). Mais à y voir de près, en raison de l'identité des systèmes «harmoniques» du producteur et du récepteur, on voit qu'il admet une action calculable à l'avance en ce qui concerne l'effet des structures phoniques : «*Il n'y a* [...] *guère* [constate-t-il] *que le rythme et les propriétés sensibles de la parole par quoi la littérature puisse atteindre l'être organique d'un lecteur avec quelque confiance dans la conformité de l'intention et des résultats.*» («Vues», 291). Voilà pour Valéry une raison de plus pour concentrer tout l'effort sur la création d'une musique verbale qui puisse avoir un maximum d'effet, ce qui, à ses yeux, exige le recours aux techniques conventionnelles éprouvées du vers et de la rime. En effet, Valéry est persuadé que la musique verbale qui «*oblige le lecteur à chanter malgré lui*» (C, VI, 725), est ressentie par l'amateur du poème à peu près telle qu'elle a été programmée par l'auteur. Et il se voit confirmé dans cette hypothèse par l'effet analogue de la vraie musique qui agit comme un «massage» sur l'auditeur (V, 225). Comme «*la poésie* [*est la*] *généralisation de l'action qui se trouve dans la musique sur nos nerfs et muscles*» (X, 223), elle peut atteindre les mêmes couches de la sensibilité. Ici encore nous retrouvons donc la base sensualiste de l'esthétique valéryenne. C'est le corps qui est le garant de l'effet d'une œuvre poétique. Et c'est en fonction des réactions du corps que Valéry établit sa thèse d'après laquelle le poème peut communiquer au lecteur l'unité et l'harmonie de la personne, unité et harmonie que son auteur a puisées au plus profond de son être :

La poésie doit s'étendre à tout l'être ; elle excite son organisation musculaire par les rythmes, délivre ou déchaîne ses facultés verbales dont elle exalte le jeu total, elle l'ordonne en profondeur, car elle vise à provoquer ou à reproduire l'unité et l'harmonie de la personne vivante, unité extraordinaire, qui se manifeste quand l'homme est possédé par un sentiment intense qui ne laisse aucune de ses puissances à l'écart.
(Œ, I, 1375)

C'est à partir d'une analyse du point de vue *récepteur*, dont nous avons relevé ailleurs l'importance pour la théorie littéraire de Valéry[3], que les rapprochements avec l'évolution actuelle des théories esthétiques sont particulièrement fructueux. En ce qui concerne les analogies entre littérature et musique, deux conceptions valéryennes y jouent un rôle central : la théorie de l'« enchantement » créé dans le lecteur ou auditeur, et la théorie de l'« indétermination » implicite de l'œuvre esthétique qui provoque dans le récepteur l'effet de ce que Valéry a appelé « l'infini esthétique », théories qui développent, sur la base nouvelle d'une conception sémiotique de la communication esthétique, des idées que l'on trouve déjà en germe dans la pensée de Poe et dans celle de Mallarmé.

On sait que Valéry a cru observer dans l'action d'un poème sur le lecteur un fait merveilleux, au sens d'un enchantement magique, causé par des paroles qui « *agissent sur nous à la façon d'un accord musical* » (Œ, I, 1334). La terminologie musicale qui surgit ici s'explique par l'effort de Valéry de décrire convenablement le phénomène « enchanteur » de l'effet poétique. Une structure verbale de résonance réciproque commence à opérer dès qu'un lecteur entame une lecture. Le système fonctionnel de l'œuvre que l'auteur a créé déclenche subitement son action, et ce sont, à la fois, les structures phoniques et les structures sémantiques du texte qui se communiquent au récepteur. Or, à la différence de la prose, où il n'existe guère de correspondance entre les structures du *son* et celles du *sens*, le poème réalise, selon Valéry, une union en apparence indissoluble entre ces deux niveaux du texte, union comparable à un accord au sens musical, c'est-à-dire à un phénomène de résonance harmonique. « *L'impression produite* [c'est-à-dire par cet « accord »] *dépend grandement de la résonance, du rythme, du nombre* [des] *syllabes ; mais elle résulte aussi du simple rapprochement des significations.* » (à propos de quelques vers de Baudelaire). Dans ses propres poèmes, Valéry s'est efforcé d'atteindre un effet maximum d'harmonisation réciproque des structures du texte. Le titre de sa collection de poèmes *Charmes* veut d'ailleurs exprimer l'envoûtement du lecteur qui est soumis à l'effet incantatoire de la poésie. « *Charme. Carmen. Enchanté. Hypnotisme.* » (*C*, V, 101) note-t-il, en redécouvrant l'étymologie latine du mot français.

L'harmonie qui s'établit ainsi entre les éléments linguistiques du poème n'a rien à voir avec l'« *harmonie imitative* » (dont l'effet, selon Valéry, est plutôt à éviter) et reste, au fond, « *indéfinissable* » (*C*, VII, 151). Cette harmonie entre le son et le sens ne peut, d'ailleurs, pas être interprétée comme un « néocratylisme » dans le prolongement de la pensée de Mallarmé, ainsi que Gérard Genette l'a proposé[17] car, à la différence du « cratylisme » de Mallarmé, qui admet une relation *motivée* objective entre structure phonique (signifiant) et élément sémantique (signifié) d'un signe (mot), Valéry exclut absolument toute motivation objective dans les faits linguistiques et admet uniquement une « *sensation de l'union intime entre la parole et l'esprit* » (*Œ*, I, 1333), sensation subjective, chimérique et trompeuse, mais fortement suggérée par le jeu serré des rapports harmoniques d'équivalences et de similitudes créés dans un texte poétique. Le poète peut, certes, faire naître cette illusion ; il peut, comme Valéry le dit à propos de Mallarmé, donner, « *par le rapprochement insolite, étrangement chantant, et comme* stupéfiant *des mots, — par l'éclat musical du vers et sa plénitude singulière, l'impression*

33

de ce qu'il y [a] de plus puissant dans la poésie originelle : la formule magique » (649). Ce n'est donc pas Valéry théoricien qui épouse l'hypothèse du cratylisme ; pour lui c'est l'affaire du lecteur de l'admettre ou de la rejeter.

Ce que Valéry admet, cependant, c'est que la suggestion « magique » de la poésie lyrique est plus forte lorsque les registres de la « musique verbale » parviennent à faire « chanter » le lecteur et à l'« enchanter » au maximum. À cet égard encore, la musique garde l'avantage car son envoûtement puissant, déjà décrit dans « La Soirée avec Monsieur Teste », ne peut jamais être égalé par les moyens du langage.

Le deuxième point qui retient l'attention de Valéry dans l'analyse des ressemblances entre action musicale et action poétique sur l'auditeur ou le lecteur, c'est le phénomène de l'indétermination. Voyons d'abord un texte capital qui analyse l'effet de cette « indétermination » dans l'univers musical :

La musique montre qu'en attaquant un sens, en produisant les sensations d'un seul genre et non spatial, — *dans un certain ordre,* on me fait produire des mouvements, on me fait développer l'espace à 3 ou 4 dimensions, on me communique des impressions quasi abstraites d'équilibres, de déplacements d'équilibres, on me donne l'intuition du continu, des extrêmes, des moyennes, — des émotions — même de la matière — du désordre interne — du hasard intime chimique.
On me fait danser, on me fait souffler, on me fait pleurer, penser, on me fait dormir, on me fait foudroyant-foudroyé, on me fait lumière, ténèbres ; diminuer jusqu'au fil.
On me fait quasi tout cela, et je ne sais si je suis le sujet ou l'objet, si je danse ou si j'assiste à la danse, si je possède ou suis possédé. Je suis à la fois au plus haut de la vague et au pied d'elle qui la regarde haute.
C'est cette indétermination qui est la clef de ce prestige. (*C*, V, 224)

D'après cette analyse, Valéry concède donc à la musique une action sur l'homme qui met l'auditeur dans un état instable, de disponibilité intérieure où alternent passivité et activité de façon indéfinissable. Un autre texte, encore plus important pour notre point de vue, émet l'opinion que la musique stimule, par l'absence même d'une imagination précise et motivée, la libre création d'images, comparable en ceci au rêve :

Par la musique nous subissons, et agissons les *effets* et sommes contraints à fournir les *causes*.
Or il y a plusieurs *causes* — dans ce domaine vivant.
D'où indétermination de la musique.
En général, quand nous imaginons en nous-mêmes, les effets de nos imaginations demeurent virtuels. Les images sont précises, les émotions moins nettes — les actes esquissés à peine. Si j'imagine danser, c'est un schème à peine à côté de mon idée visuelle très nette d'un personnage dansant. [...]
Mais la musique au contraire dessine puissamment en moi l'action et la passion — tandis qu'elle laisse vague l'image. Et cette image est comme nue, provoquée en sens contraire du sens normal. Au lieu de causer, elle complète, explique comme dans un rêve. Avec cette différence que dans un rêve on prend le rêve, effet, pour *cause* — et que dans la musique on ne peut le faire — sans quoi la musique n[ous] gouvernerait entièrement...   (*C*, V, 225)

Ainsi, pour Valéry la musique apparaît, plus que tout autre art, comme « *l'art du possible* » (*C*, XIX, 893) qui, par l'effet de son indétermination même, incite l'auditeur à penser et à imaginer.

Voilà le but essentiel de tout art véritable selon Valéry : rendre le récepteur *actif*. Tandis que le musicien peut atteindre cet objectif par les seuls éléments sonores de la musique, le poète doit se contenter de la musique verbale beaucoup moins parfaite. Mais le poète aussi est pour Valéry « *créateur pour contraindre le lecteur à créer* » (*C*, XVII, 161). « *Une œuvre, un poème est une machine à être poète* » (XIX, 469). Et cet effet ne peut être obtenu, aux yeux de Valéry, que si le poème, lui aussi, laisse l'imagination du lecteur en suspens :

La poésie [*affirme-t-il*] est une impression d'état qui se dégage de [...] certaines formations ou coïncidences d'éléments du *langage complet* (c'est-à-dire avec sons, ton, rythme), lesquelles ne soient, pour un récepteur donné, ni résolubles en notion finie de chose ou d'acte — c'est-à-dire annulées et substituées par une idée ou une action — ni rejetées comme inassimilables ; mais qui produisent un état d'écart du régime ordinaire, remarquable par la *conservation de l'instable*.
                                                          (*C*, XXIV, 57)

Il va de soi que les structures phoniques sont en poésie, comme en musique, un élément indispensable pour attiser l'activité créatrice du lecteur ; mais leur effet restera insuffisant tant que les structures significatives ne produisent pas à leur tour le phénomène de l'indétermination. Valéry a cru trouver la solution de ce problème en exigeant, dans la tradition symboliste de Mallarmé, une « ambiguïté » du sens. « *L'affaire du poète* [exige-t-il] *est de construire une sorte de corps verbal qui ait la solidité, mais l'ambiguïté d'un objet* » (*C*, VI, 118). Pour lui « *la poésie résulte de la multiplicité, de la non-uniformité des significations — ou plutôt des* effets *d'un signe* » (XVII, 285). L'obscurité de la poésie s'explique donc par une « ambiguïté » voulue qui « *est le domaine propre de la poésie. Tout vers est équivoque, plurivoque — comme sa structure, sound — sense — l'indique* » (VI, 343). Aux yeux de Valéry, seule une œuvre dont les mots sont « *polyvalents* » (XII, 506) peut réussir à déclencher l'activité imaginative du lecteur. « *La forme poétique* [écrit encore Valéry] *doit être telle qu'elle empêche la réflexion sur ce qui est dit, en tant que la réflexion détruit la forme ou expression. Un vers admirable appelle la pensée, mais lui interdit l'examen — comme l'éclat d'un corps très lumineux appelle le regard et défend la source d'être examinée* » (XVI, 405). C'est ce phénomène que Valéry a aussi nommé « *l'infini esthétique* » (Œ, II, 1342).

Voilà une théorie qui ne se comprend pleinement que si l'on tient compte de l'effet d'*indétermination* que l'œuvre littéraire est censée produire sur le lecteur. Il s'agit d'empêcher la transitivité du message dans le poème non pas pour l'enfermer dans un hermétisme clos, mais pour contraindre le lecteur à déployer « infiniment » son activité.

Il s'agit de créer dans [le lecteur] [*écrit Valéry*] un état dont l'expression soit précisément et singulièrement celle qui le lui communique. Quelle que soit l'image ou l'émotion qui se forme dans l'amateur de poèmes, elle vaut et elle suffit si elle produit en lui cette relation réciproque entre la parole-cause et la parole-effet. Il en résulte que ce lecteur jouit d'une très grande liberté quant aux idées, liberté analogue à celle que l'on reconnaît à l'auditeur de musique, quoique moins étendue. (*Œ*, I, 1511)

La modernité de cette conception est indéniable. Elle peut être en effet rapprochée de toutes les théories esthétiques actuelles qui postulent la participation active du récepteur. La conception valéryenne se situe à mi-chemin de l'esthétique symboliste qui, elle aussi, avait déjà introduit les concepts de « suggestion » et d'« allusion » dans le but d'éviter « *qu'une interprétation unique ne s'impose au lecteur* » (p. 21[2]), et les vues esthétiques modernes qui réclament des structures ambiguës, pluridimensionnelles, « ouvertes ». À notre avis, l'originalité de Valéry par rapport à l'esthétique de Mallarmé et du Symbolisme repose sur le fait que Valéry a, pour la première fois, élaboré un point de vue sémiotique et communicatif qui pose de façon explicite le problème de l'*indétermination* comme un problème de rapports entre œuvre-message et récepteur.

« Musique verbale » et multiplicité ambiguë des significations s'unissent dans l'esthétique valéryenne de l'indéterminé pour s'opposer à l'esthétique aristotélicienne de l'imitation illusionniste telle qu'elle existait, au début du siècle, notamment dans le roman réaliste. Pour Valéry, le lecteur d'une œuvre réaliste, imitatrice du réel, est comme « *aliéné* » (*Œ*, I, 1374) par sa lecture et reste donc confiné dans une passivité extrême : « *Le roman (c'est-à-dire le roman réaliste)* [observe Valéry] *est le genre littéraire qui vise à obtenir la passivité du sujet et la production d'images sans retours et sans réserves ni résistances* » (*C*, XXVII, 56). À la différence de l'esthétique « ouverte » de Valéry, productrice dynamique d'images, l'esthétique réaliste assujettit totalement l'imagination du lecteur.

Ce point de vue rapproche définitivement la théorie valéryenne de l'indétermination esthétique des théories actuelles de l'« ouverture » esthétique qui, elles aussi, recourent au concept de l'*indétermination*. En particulier, ce sont Umberto Eco, dans sa théorie sémiotique de l'« *œuvre ouverte* » (p. 29 sq.[2]), et

37

Henri Pousseur, dans sa théorie musicale d'une esthétique sérielle[18], qui se sont servis de cette notion, en insistant d'ailleurs tous les deux sur le fait que la catégorie de l'indéterminé en matière esthétique répond à la crise du principe de causalité et de détermination dans la philosophie et dans les sciences exactes de notre temps. La poétique de Valéry fait partie des « poétiques de l'*œuvre ouverte* » au sens qu'Umberto Eco a donné à cette notion, c'est-à-dire de « *projet d'un message doté d'un large éventail de possibilités interprétatives* » (p. 11[2]).

Il faut, cependant, reconnaître les différences qui séparent l'esthétique valéryenne de l'esthétique contemporaine de l'*ouverture*. À notre avis, ces différences sont à voir surtout dans le fait que Valéry reste encore attaché, en poésie — comme nous l'avons vu —, à une conception esthétique dominée par l'idée centrale de l'harmonie, principe de cohérence et d'unité qu'il croyait réalisé, de façon idéale, dans l'harmonie tonale hardie de Richard Wagner, attachement qui explique les tendances néo-classiques de sa poésie symboliste. Il est d'ailleurs significatif que Valéry a bien reconnu quoique, à ce qui paraît, assez tardivement, que l'esthétique littéraire de Rimbaud, annonciatrice de l'esthétique surréaliste, détient, elle aussi, un « *remarquable* pouvoir excitant [*qui*] oblige [*le lecteur*] à créer » (*C*, XXVI, 872) grâce à une certaine « incohérence harmonique [*qui*] *par un emploi calculé du hasard* », combine « *des dissonances étonnamment exactes et des complémentaires verbales* — [...] *sur un fond d'observation sensorielle* », en y mêlant « *un très subtil sens musical* » (918). Mais Valéry n'a pas, quant à lui, suivi, dans sa propre poésie, ce chemin d'une *indétermination* esthétique programmée par l'« incohérence harmonique » du poème lui-même.

Pourtant Valéry a entrevu, lui aussi, une voie esthétique qui pourrait élargir encore davantage « l'éventail des possibilités interprétatives » d'une œuvre littéraire. C'est ce que l'on pourrait appeler la théorie valéryenne de la *variation indéterminée*. Gérard Genette a déjà abordé cette question[19] en citant, pour le rapprocher du programme du *Nouveau Roman*, le passage suivant de Valéry :

Peut-être serait-il intéressant de faire *une fois* une œuvre qui montrerait à chacun de ses *nœuds*, la diversité qui s'y peut présenter à l'esprit, et parmi laquelle il *choisit* la suite unique qui sera donnée dans le texte. Ce serait là substituer à l'illusion d'une détermination unique et imitatrice du réel, celle du *possible-à-chaque-instant*, qui me semble plus véritable. Il m'est arrivé de publier des textes différents de mêmes poèmes : il en fut de même de contradictoires, et l'on n'a pas manqué de me critiquer à ce sujet. Mais personne ne m'a dit pourquoi j'aurais dû m'abstenir de ces variations.

(*Œ*, I, 1467)

Jean Ricardou voit également dans l'idée valéryenne « d'une constellation de variantes » une préfiguration d'œuvres modernes comme *La Jalousie* de Robbe-Grillet[20]. Et Judith Robinson a montré que les hésitations devant les différentes versions de *La Jeune Parque* peuvent être interprétées comme celles d'une « architecture ouverte » qui, imprimée sur feuilles séparées, permettrait au « *lecteur de lui donner autant de fins différentes qu'il en voudrait* »[21].

Valéry a donc introduit dans sa théorie esthétique l'idée d'une œuvre indéterminée, ouverte, qui présente non pas un texte unique, fixé et arrêté une fois pour toutes, mais un texte à variations multiples aptes à suggérer au lecteur une multiplicité d'interprétations. Or, il est révélateur que Valéry compare ce modèle d'une œuvre « ouverte » à une technique musicale, celle de la « variation » : « [...] *je serais tenté (si je suivais mon sentiment), d'engager les poètes à produire, à la mode des musiciens, une diversité de variantes ou de solutions du même sujet. Rien ne me semblerait plus conforme à l'idée que j'aime à me faire d'un poète et de la poésie.* » (*Œ*, I, 1501). Valéry semble donc concevoir l'œuvre ouverte comme une suite de modifications qui développent et transforment un certain thème sans pouvoir l'épuiser définitivement.

L'œuvre de Valéry qui correspond le plus parfaitement à cette conception d'une *variation indéterminée* est sans doute

« "Mon Faust" » œuvre vaste pour laquelle il avait prévu, en dehors des deux pièces (inachevées) publiées de son vivant, « *un nombre indéterminé d'ouvrages* » (*Œ*, II, 277) qui auraient tous été des « *productions parallèles, indépendantes* »[22]. La façon dont Valéry envisage le traitement du sujet de « "Faust" » peut être décrite comme la composition d'un univers littéraire en expansion indéfinie, composition qui crée des « variations » à partir d'un thème générateur donné, à savoir : le « duo » initial de Faust et de Méphisto (manuscrit inédit du dossier de « "Mon Faust" »). Un tel procédé créateur qui offre au lecteur une œuvre à variations indéterminées mérite, certes, d'être comparé, toutes proportions gardées, à la composition « sérielle » par thèmes générateurs qu'admettent les théories musicales[23] et littéraires contemporaines, à la conception de l'opéra « ouvert » *Votre Faust* (1962), œuvre commune de Michel Butor et d'Henri Pousseur, à la « théorie des générateurs » de Jean Ricardou[24] ou à celle des « thèmes générateurs » d'Alain Robbe-Grillet[25]. À la différence de ces théories esthétiques de l'ouverture, inspirées par une pensée « sérielle » qui, selon Claude Lévi-Strauss, n'admet pas une base anthropologique commune[26], l'esthétique valéryenne n'abandonne cependant pas l'hypothèse fondamentale d'un Moi, fondement anthropologique du modèle valéryen de communication littéraire. Les thèmes générateurs de Valéry ne sont pas puisés, comme ceux par exemple de Robbe-Grillet, dans les seuls mythes de « *l'imagerie populaire contemporaine* »[27], mais restent rattachés au système CEM.

On peut, toutefois, constater une certaine évolution de l'esthétique littéraire de Valéry qui, à la fin de sa vie, se détache, du moins en partie, du néoclassicisme de sa poésie symboliste pour progresser vers une conception de la littérature plus libre, moins marquée par le respect des conventions esthétiques. « L'univers poétique » de « "Mon Faust" » ne ressemble plus à l'Univers chantant et résonnant de *La Jeune Parque* et de *Charmes*, mais se présente sous un aspect beaucoup plus dynamique et dans un style à plusieurs registres, qui s'adapte parfaitement à une œuvre qui se veut ouverte, indéterminée, variable à l'infini, et qui correspond ainsi bien mieux à la pensée ouverte de son auteur. Mais même cette ouverture incontestable de l'esthétique valéryenne que l'on peut observer vers la fin de sa vie — et qui mériterait, certes, une étude plus approfondie — restera, pour l'essentiel, toujours attachée au principe d'une harmonie fondamentale, telle que Valéry la voit régner de façon inégalable et merveilleusement pure dans l'univers musical et telle qu'il la croit menacée par sa vision angoissée de l'homme et du monde.

---

1. Les questions générales des rapports de l'œuvre de Valéry avec la musique ont déjà été abordées plusieurs fois, notamment dans les études suivantes : J. DUCHESNE-GUILLEMIN, « Paul Valéry et la musique », *Revue musicale*, 1952, pp. 113–21. — E. SUHAMI, *Paul Valéry et la musique* (Dakar, Université de Dakar, « Publications de la Faculté des Lettres et Sciences Humaines. Langues et Littératures », n° 15, 1966) ; — H. LAURENTI, *Paul Valéry et le théâtre* (Paris, Gallimard, 1973) (surtout pp. 47–66, 117–129, 426–493) ; — « Musique et monologue. Notes pour une approche valéryenne du poème » (*PV1*, 49–66).
2. Umberto ECO, *L'Œuvre ouverte* (Paris, Seuil, 1965).
3. Ainsi que nous l'avons montré dans notre article « La Fonction du "public" dans la pensée esthétique de Valéry — Ébauches d'une théorie de la réception littéraire », in Actes du Colloque International de Kiel *Paul Valéry : poétique et communication* (19–21 octobre 1977), p. p. K. A. BLÜHER *et* J. SCHMIDT-RADEFELDT (Paris, Klincksieck, 1980).

4. Notions latines que Valéry a employées dans ses *Cahiers* pour désigner des sous-rubriques dans son deuxième classement (*CI*, 1423).

5. Sur l'évolution de la musique moderne voir : R. LEIBOWITZ, *Schönberg et son école. L'étape contemporaine du langage musical* (Paris, Janin, 1946) ; — *L'Évolution de la musique de Bach à Schönberg* (Paris, Corrêa, 1951) ; — E. COSTÈRE, *Mort ou transfigurations de l'harmonie* (Paris, P.U.F., 1962) ; — P. BOULEZ, *Relevés d'apprenti* (Paris, Seuil, 1966) ; — P. SCHAEFFER, *La Musique concrète* (Paris, P.U.F., [1967,] 1973) ; — H. POUSSEUR, *Fragments théoriques I. Sur la musique expérimentale* (Bruxelles, Institut de Sociologie de l'Université Libre, 1970).

6. En attendant une étude plus complète de l'influence de Wagner sur Valéry, voir surtout H. LAURENTI, *Paul Valéry et le théâtre* (*op. cit.*), *passim.* L'ouvrage de L. Guichard, *La Musique et les lettres en France au temps du wagnérisme* (Paris, P.U.F., 1963) néglige de considérer le rôle que Wagner a joué dans l'œuvre de Valéry.

7. Voir N. BASTET, « Œuvre ouverte et œuvre fermée chez Paul Valéry », *Annales de la Faculté des Lettres et Sciences Humaines de Nice*, 2, 1967, pp. 103–19, 115 sq.

8. N. CELEYRETTE-PIETRI, *Valéry et le Moi d'après les "Cahiers"*, thèse dactylographiée. Paris 1977, surtout p. 690 sq.

9. Ph. SOLLERS, *L'Écriture et l'expérience des limites* (Paris, Seuil, 1968). Cf. H. J. MÜLLER, *Der Französische Roman von 1960 bis 1973. Tel quel und Maurice Roche* (Wiesbaden, 1975).

10. Valéry avait connu les idées de Strawinsky sur l'esthétique musicale dès 1939. Il note après une conversation avec le compositeur russe que « *les idées premières* [*de cette* Poétique de Strawinsky] *ont plus d'une analogie avec celles de mon cours du Collège - 1ʳᵉ leçon* » (*C*, XXII, 562).

11. Igor STRAWINSKY, *Poétique musicale* (Paris, Plon, 1942).

12. *Op. cit.*, p. 50.

13. R. JAKOBSON, *Essais de linguistique générale* (Paris, Seuil, 1963), p. 220.

14. Guy DE POURTALÈS, *Wagner, histoire d'un artiste* (Paris, 1932).

15. Voir K. A. BLÜHER, « L'Instant faustien — La quête du bonheur dans le mythe de Faust de Goethe à Valéry », *Bulletin des études valéryennes*, nᵒ 11, 1976, pp. 32–47 ; et « Die Symbolik in Paul Valéry "Mon Faust" », pp. 208–46 et 218 sq. in *Paul Valéry*, p.p. J. SCHMIDT-RADEFELDT (Darmstadt, 1978).

16. Voir l'exposé très détaillé de cette théorie par J. HYTIER, *La Poétique de Valéry* (Paris, A. Colin, 1953), p. 232 sq., ainsi que W. N. INCE, *The Poetic Theorie of Paul Valéry. Inspiration and Technique* (Leicester, 1961), p. 64 sq.

17. G. GENETTE, « Valéry et la poétique du langage », *Modern Language Notes*, 87 (1972), pp. 600–15.

18. H. POUSSEUR, *Fragments théoriques I. Sur la musique expérimentale, op. cit.*, p. 31 sq.

19. G. GENETTE, *Figures* (Paris, Seuil, 1966), pp. 253–74 : « La Littérature comme telle » (p. 265).

42

20. J. RICARDOU, *Pour une théorie du Nouveau Roman* (Paris, Seuil, 1971), p. 288.

21. « L'Architecture "ouverte" de "*La Jeune Parque*"», in *Paul Valéry : poétique et communication* (*op. cit.*).

22. Sur le caractère « indéterminé » de « "Mon Faust"» voir K. A. BLÜHER, *Strategie des Geistes. Paul Valérys Faust* (Frankfurt/M. 1960), p. 27, et « L'Instant faustien... » (*loc. cit.*), p. 37.

23. Voir par ex. H. POUSSEUR (*op. cit.*), p. 89.

24. J. RICARDOU, « Esquisse d'une théorie des générateurs », pp. 143–50 in *Position et opposition sur le roman contemporain* (Actes du Colloque de Strasbourg, 1970), p.p. M. MANSAY (Paris, Klincksieck, 1971). Voir aussi « Discussion », pp. 151–62.

25. A. ROBBE-GRILLET, « Sur le choix des générateurs », in *Nouveau Roman : hier, aujourd'hui*, 2 vol. (Paris, UGÉ, 1972), II, *Pratiques*, pp. 157– 162 ; discussion pp. 163–73.

26. C. LÉVI-STRAUSS, *Le Cru et le cuit* (Paris, Plon, 1964). Ouverture. Voir aussi les remarques critiques d'Umberto ECO, *Einführung in die Semiotik* (traduction de *La Struttura assente* [Milan, 1968] (München, 1972), pp. 378 sq. (*Strukturales Denken und serielles Denken*).

27. *Op. cit.*, p. 161.

2

RYTHME ET SYMÉTRIE

par NICOLE CELEYRETTE-PIETRI

> « *S'il est deux arts qui peuvent être comparés, ce sont certainement la musique et l'architecture ; ils s'expliquent l'un par l'autre ; ils ne procèdent ni l'un ni l'autre de l'imitation de la nature : ils créent. Tous deux, musicien et architecte, sont bien forcés de soumettre l'inspiration au calcul.* »
> (VIOLLET-LE-DUC, t. II, 384[1])

> « [...] *la Musique et l'Architecture* [...] *sont au milieu de ce monde* [...] *comme les exemples, çà et là disséminés, d'une structure et d'une durée qui ne sont pas celles des êtres, mais celles des formes et des lois.* »
> (« Eupalinos » ; *Œ*, II, 105)

*R*YTHME ET *SYMÉTRIE* : une longue tradition de mathématique philosophique les a associés bien avant Valéry. De l'Antiquité à nos jours, une bibliographie considérable s'est attachée à la commune mesure des formes intelligibles imposées à la pierre ou communiquées à l'air par l'architecte ou le musicien. La pureté abstraite de deux arts également réglés par le nombre fonde une parenté sur laquelle l'auteur d'« Eupalinos » se plaît à mettre l'accent. Remarquons que Socrate, qui fait leur éloge, fait aussi celui du Logos, « *de la raison et du calcul* » (*E* ; *Œ*, II, 113), qui pourrait être l'épigraphe de notre recherche : « [...] *pour nous autres Grecs, toutes choses sont formes. Nous n'en retenons que les rapports* [...]. » (112). Musique et architecture : formes ou figures de l'espace et du temps, soumises à un ordre mathématique, arts de la mesure et de la proportion appliqués à la matière ou à la durée. Important dans la réflexion valéryenne, le problème excède les affinités structurales entre deux types de construction, même si l'art de construire est ici capital. Il rejoint de délicates questions mathématiques, et, au-delà, une philosophie du nombre, du temps, de l'espace, qu'on pourrait tirer des Cahiers. Ce serait un chapitre fondamental de l'esthétique de Valéry. On se borne à indiquer ici quelques points de repères.

symmétrie et symétrie

Le mot *symétrie* est le leitmotiv majeur des premières recherches et de l'« Introduction à la méthode de Léonard de Vinci ». Il domine imperceptiblement, avec la théorie des degrés de symétrie, le dialogue d'« Eupalinos ». Pour poser clairement le problème, il faut d'abord interroger les mots avec les résonances diverses de leurs sens différents. Des notes les plus anciennes aux Cahiers de la maturité, l'orthographe rappelle discrètement une distinction essentielle. Valéry n'a pas oublié la leçon de Viollet-le-Duc, dont il a découvert en 1886, le *Dictionnaire de l'architecture* (C, III, 466). L'article SYMÉTRIE est ici tout à fait éclairant. « *Symétrie veut dire aujourd'hui, dans le langage des architectes, non pas une pondération, un rapport harmonieux des parties d'un tout, mais une similitude des parties opposées, la reproduction exacte à la gauche d'un axe de ce qui est à droite. Il faut rendre cette justice aux Grecs, auteurs du mot* symétrie, *qu'ils ne lui ont jamais prêté un sens aussi plat.* » (t. VIII, p. 511[1]). Viollet-le-Duc proposait d'écrire, selon l'étymologie, *symmétrie* : συμμετρια, c'est-à-dire commune mesure. Il rappelle que le mot ainsi orthographié, signifiait au XVIe siècle « *justes rapports entre les mesures, harmonie, pondération, rapports modérés, calculés en vue d'un résultat satisfaisant pour l'esprit ou pour les yeux* ». Et il regrette que l'on n'ait pas adopté de même l'*eurythmie* (εὐρυθμία) soit le « *bon rythme* » ou le « *beau rythme* ».

46

Valéry se réfère souvent au sens ancien, parfois explicitement : « *Symmétrie. Commensurabilité.* » (*C*, XV, 268)[2]. Mais il ne renie pas pour autant le sens moderne, bien plus complexe que Viollet-le-Duc ne le dit. Les fluctuations et les ambiguïtés apparentes qui marquent, surtout dans les premiers temps, les notes fort nombreuses sur la symétrie, proviennent des emprunts à plusieurs problématiques, avec parfois le désir de les transcender. Pour Valéry « l'intellect » face au « sentiment », c'est « *le symétrique et le symmétrique contre l'asymétrique et le démesurable* » (XVII, 99). Il souligne à l'occasion la différence :

Symmétrie.
C'est un problème que celui de la distribution irrégulière des symmétries. Cf. Introd. Léon. 1895.
On dirait que les symétries soient en conflit. (*C*, XV, 260)[3]

Si l'un des grands champs de la recherche, dans l'ordre des choses de l'esprit et des choses de l'art, est « *l'intelligence des formes* » (*Œ*, I, 1174), avec la volonté d'aller au plus loin, de ne jamais convenir qu'on peut rencontrer une borne définitive — « *À quel point les Euclides se sont-ils arrêtés dans l'intelligence des formes ?* »[4] —, les deux symétries, celle de la commune mesure, des proportions, et celle qui, fondée sur l'algèbre au-delà de l'apparence géométrique, régit la continuité, sont les deux clés que détient l'homme universel, le grand constructeur nommé par Valéry « Léonard de Vinci » : « *Il a un sens extraordinaire de la symétrie qui lui fait problème de tout. À toute fissure de compréhension s'introduit la production de son esprit.* » (1175).

L'antique « symmétrie », sœur de l'eurythmie, semble parfois avoir la prédilection : « *La forme* [...] *est le commensurable ressenti et l'enchantement de cet effet et de cette découverte d'une loi à la fois cachée et évidente, loi qui donne à des produits de l'esprit valeur multiple.* » (*C*, XV, 77). Mais il faut ici encore, pour éclairer la pensée valéryenne, revenir à Viollet-le-Duc, à l'article ÉCHELLE, un des premiers auxquels s'intéressa Valéry, où est exposée la distinction essentielle entre le module abstrait qui régissait l'art grec, et l'ordre du corps humain qui s'introduit avec le Moyen Âge.

Il ne venait certainement pas à l'esprit d'un Grec de mettre en rapport son édifice avec lui homme, comme il ne supposait pas que son moi pût modifier les arrêts du destin. [...] Chez lui, l'architecture n'obéissait qu'à ses propres lois. [...] À la place de ces principes harmoniques, basés sur le module abstrait, le moyen-âge émit un autre principe, celui de l'échelle, c'est-à-dire qu'à la place d'un module variable [...] il prit une mesure uniforme et cette mesure uniforme est donnée par la taille de l'homme.

(t. V, p. 144-5[1])

Le « *Cantique des colonnes* » célèbre l'ordre grec et son module, cette commune mesure régissant toute la construction . de l'édifice. La symmétrie grecque repose sur un jeu subtil entre cette unité définie pour chaque monument — le demi-diamètre de la colonne — et son utilisation pour la structure de l'ensemble selon des types de proportions fondées sur des nombres irrationnels[5].

Filles des nombres d'or,
Fortes des lois du ciel,

(*Œ*, I, 117)

les colonnes viennent rappeler l'esthétique des anciens, et le problème de la délicate conjugaison de la *summetria* et de l'*asummetria*. La découverte des incommensurables par les Pythagoriciens qui s'attachaient à la commune mesure, posa le problème du nombre irrationnel qui préoccupa longuement l'Antiquité. Les « finesses »

Qui naissent par les nombres !

suggèrent cette subtilité qui mit une architecture tout entière gouvernée par la mathématique sous le signe de la commensurabilité du tout et des parties, de la composition symphonique rigoureuse tout en la vivifiant par l'emploi des nombres irrationnels.

Il faut ici évoquer Pythagore, souvent cité par Valéry, parfois de façon critique, qu'on place au premier rang des inventeurs de la musique. Il est essentiel de dire que l'intertexte valéryen est fait pour une part, et plus qu'il n'y paraît, de la pensée antique, entre autres de la philosophie mathématique grecque, connue directement à travers Platon et Aristote, ou par des ouvrages du XIXᵉ siècle maintenant un peu oubliés[6], qui baignaient dans cette culture. Dès lors, avant l'art il faut mettre le Nombre, et l'enracinement du nombre et de la mathématique dans l'observation céleste. Là sont nées les premières figures. Depuis au moins les Chaldéens, les constellations étaient caractérisées par la forme géométrique imaginaire composée à partir des astres constituants et par le nombre d'astres intervenant. Ce sont les premiers linéaments d'une architecture cosmique. De là naquit chez les Pythagoriciens une philosophie de la nature où tout est nombre, fondée sur une démarche intuitive qui voit un point pour une unité et un groupe de points pour un nombre ; une figure est associée au nombre, tout nombre apparaît comme la réunion de points en quelque sorte matérialisés dans l'espace par des figures bien déterminées : d'où le caractère d'explication « objective » donnée pendant très longtemps à la description mathématique. Au temps de cette arithmétique géométrique, la pensée ne dissocie pas encore véritablement l'objet étendu et le concept. Les constellations célestes sont des nombres qui reçoivent une interprétation figurée (Lyre, Ourse...) ; les lois du nombre régissent l'univers, et la première Architecture est le Chaos ordonné, le Cosmos.

Valéry se montre souvent séduit par les anciennes mathématiques du ciel étoilé. Sa réaction propre face aux « *abîmes de la nuit* » (*Œ*, I, 460), qu'il faut opposer à celle de Pascal, va dans le sens de la méditation abstraite des nombres et des figures. « *Les étoiles, voisines de l'abstraction* » (*C*, I, 103), note-t-il dans l'un des premiers Cahiers. Et il propose le rêve géométrique d'« *Une Nuit* » (107) : trois et quatre points constituant deux figures. On remarquera la permanence à travers le temps de telles rêveries qui indiquent l'orientation d'un esprit :

Le ciel irrégulier de nuit — étourdissante ! — Tas de problèmes jetés — et d'éléments tels qu'on les peut grouper un peu comme on veut —
(*C*, I, 339) [1898]

Si tu vois quelques étoiles, tu vois en même temps des lignes qui les joignent — et tu ne peux ne pas les voir —
Ces lignes invincibles, de même puissance (en toi) que les points réels que font ces astres sont, d'autre part, irréelles —
(*C*, XVIII, 44) [1935]

Si des étoiles s'allument à la fois, puis s'éteignent après un petit temps, nous aurons retenu 1° qu'elles étaient plusieurs — 2° une impression d'une sorte de *figure*. (*C*, XXIX, 539) [1945]

Le point, la ligne, la figure, le nombre, la géométrie et l'arithmétique naissent de l'expérience sensible. L'intuition personnelle rejoint la pensée ancienne, et c'est ainsi que se posera dans l'ordre mathématique le problème du rythme et de la symétrie.

de la géométrie à l'algèbre

Les premiers Cahiers, jusque vers 1898, montrent une évidente prédilection pour les structures géométriques et la géométrie plane. Valéry ne partage pas le mépris de Viollet-le-Duc pour la symétrie classique introduite au XVIIᵉ siècle dans l'architecture française et italienne. Son intérêt précoce et durable pour le problème de l'ornement en est la preuve. Mais c'est qu'il pressent (et peut-être conçoit clairement) que la simple symétrie bilatérale, ou l'esthétique du « pendant » s'inscrit dans une problématique bien plus vaste, dont elle ne serait que la plus claire illustration, et l'exemple conduisant à la compréhension de la structure :

La symétrie d'un objet ou d'une figure donne l'idée d'une intervention et de même, d'ailleurs, la *lisibilité* d'une quelconque loi de la forme. Cette perception tend à faire songer à une action — et à suggérer une réduction de l'action qui ferait cette forme à une formule intuitive — c'est-à-dire à une action *exprimable* virtuelle — imitable — répétable.

(*C*, XXVIII, 414)

Les notes valéryennes rejoignent l'élucidation moderne de la notion de symétrie, qui la situe dans la théorie des groupes de transformations, après avoir examiné sous toutes ses formes le concept géométrique. C'est ainsi qu'il faut comprendre les distinctions indiquées vers 1892-94 entre une symétrie « formelle » (« géométrique, arithmétique, matérielle »), et une symétrie « généralisée » (« algébrique, intérieure ») (inédit). Valéry plus tard en suggérera la théorie.

Une théorie toute générale des Similitudes conduit insensiblement aux transformations qui sont *illimitées* — et ne dépendent enfin que de la découverte imprévisible que l'on peut faire des relations qui permettent le passage — et des propriétés conservées par la transformation — groupes etc. [...] Or ces transformations si générales dépassent l'intuition des choses mêmes et la similitude « sensible » se restreint aux formes des notations de ces choses. Mais dans les arts, il *faut qu'on voie*. (*C*, XI, 738)

Les notes anciennes offrent d'assez nombreux dessins d'ornement, et les Cahiers des premières années s'attachent volontiers aux figures géométriques, la géométrie étant définie comme la « *science des formes* possibles, *concevables — et de celles imaginables comme cas particulier.* » (*C*, I, 197). On trouve ainsi (20) une série de croquis illustrant une étude sur les diverses sortes de symétrie, par rapport à un point, à une droite, ou, dans l'espace, à un plan. On y voit apparaître le problème du rapport entre l'égalité et la symétrie, et celui, qui préoccupera durablement (voir *C*, XI, 212) des figures superposables ou non.

2 figures égales sont superposables. 2 figures égales peuvent être symétriques. Dans les figures non superposables chaque élément de l'une est égal et superposable à chaque élément de l'autre ? La super-

posabilité dépend de la symétrie intérieure de chacune des figures. Toutes les figures non s[ymétriques] appartiennent à la même figure.

(I, 20)

Les Cahiers, qui esquissent parfois une réduction de l'humain au géométrique[7], n'éludent pas un classique point de départ : la symétrie bilatérale des figures naturelles, et notamment du corps de l'homme, grossièrement symétrique par rapport à un plan dans sa forme extérieure, et plus subtilement dans sa structure organique et son fonctionnement : « *Il y a une symétrie de la sensibilité du corps. Donc — —* » (*C*, V, 397). Des dessins inscrivent çà et là l'homme bilatéral, introduisant à l'occasion des distinctions : celle de la face et du dos, ou, sous le titre « Architecture, axes vivants » (XVI, 842), celle de la gauche et de la droite[8], du haut et du bas, de l'avant et de l'après : « *dans les trois cas il y a une facilité différente* ».

La division en deux moitiés par un plan médian, on le sait, c'est la chute selon Platon. L'être primitif était sphérique, c'est la thèse d'Aristophane dans *Le Banquet*, ignorant la droite et la gauche, parfaite symétrie comme le sont aussi le cercle et le triangle équilatéral[9], avec lequel Platon construit les solides élémentaires. Sphérique aussi l'univers d'après le *Timée*. Sphère, cercle, triangle ou simple point se réfléchissent sans différence. Si les points projetés certes ne sont pas les mêmes, les figures considérées séparément sont indiscernables. Ainsi le problème spéculaire, celui de Narcisse, que sigle la ligne brisée du *N* inversée par le plan, est un problème mathématique qui a sa solution : tout dépend de la nature, du *degré de symétrie* de la figure projetée. Narcisse au miroir se voit autre, mais la « *Tête complète* », le « *parfait diadème* » (*CM*), la sphère céleste ou l'astre-point — « *Un astre qui s'y mire est seul à trahir l'Onde.* » (*CN ; Œ*, I, 421) — s'y confrontent à l'identité. Dans cette perspective, le finale du Narcisse, l'homme éclipsé par le Nombre et l'immense nuit réfléchie, prend le sens d'un avènement de la Symétrie parfaite. Quand au verso de ses brouillons Valéry inscrit des calculs et des figures géométriques[10], il nous rappelle en somme explicitement que sa pensée reste sans cesse enracinée dans l'abstraction.

Il faut dire ici l'appauvrissement considérable et souvent inaperçu, analogue à celui que dénonce Viollet-le-Duc quand il s'en prend à l'esthétique du « pendant », qu'introduit la réduction de la symétrie au problème de Narcisse, ou de la réflexion en miroir des figures bilatérales. Les richesses propres de l'imaginaire narcissique, de la problématique du même et de l'autre, du thème de la gémellité ou de la complémentarité, avec les résonances affectives ou mythiques qu'ils éveillent, ne sont pas pertinentes ici[11]. L'imaginaire abstrait qui joue des nombres et des figures dispose d'un champ plus vaste et essentiellement différent, celui qui appartient en propre aux arts purs de tout sémantisme, à l'ornement, à l'architecture, à la musique ; à l'esthétique des anciens. *Le dieu toujours fait de la géométrie*, « 'Αει γεωμετρειν τον Θεον ». On trouve dans les notes de jeunesse de Valéry cette formule de Platon (inédit). En mars 1892, il écrivait à Pierre Louÿs : « *J'ai inventé Platon (en esthétique) il y a un an, avant que je le connaisse.* » (*CPVI*). En 1921, songeant à la création littéraire et déplorant « *l'incapacité des poètes ou leur timidité* » (*C*, VII, 46), il note : « *Chercher ce que je voudrais voir tenter dans l'ordre des symétries — des proportions* invisibles et présentes.* » Et il précise : « *harmonie possible des parties. Rapports numériques* ». Lors même qu'il regarde ce que l'œil voit comme chose informe, c'est, de la jeunesse à la maturité, avec le désir d'en déchiffrer la secrète loi, d'en découvrir, dans un autre ordre de grandeur, la symétrie.

Dessiner l'informe. (Lit défait) [...]
Une foule d'idées mathématiques se proposent alors. Fonctions analytiques. Univers Riemannien.   (*C*, XXI, 25)

Ce lit défait ou cet éboulis de terre, le regarder comme un temple grec ou un ornement — c'est-à-dire fait de lignes, permanences, arrêtées.   (*C*, I, 257)

De Platon à la mathématique moderne, de l'esthétique des proportions à la théorie des groupes de transformations, le goût de l'abstraction cherche ses objets dans les choses réelles ou possibles, passant des formes naturelles les plus simples aux plus complexes comme les cristaux, liant la symétrie bilatérale de l'humain et les tracés, aux lois plus ou moins visibles de *l'ornement*. C'est vers lui que conduisit très tôt (voir C, XXVII, 720), le goût pour l'architecture, parce qu'il représente un degré supérieur d'abstraction : « [...] *la conception ornementale est aux arts particuliers ce que la mathématique est aux autres sciences.* » (*Œ*, I, 1185). Les dispositions régulières, fleurs, feuilles, « *traces du vent sur les sables et les eaux* » (1172) apparaissent comme des « *objets qui font penser à des lois, des lois qui parlent aux yeux* » (1173) : « [...] *elles pourraient se qualifier les "premiers guides de l'esprit humain", si une telle proposition n'était immédiatement convertible.* » L'explication est quasi platonicienne. Tout se passe comme si des lois mathématiques gouvernaient de façon plus ou moins évidente la nature, et si la représentation intuitive de l'idée mathématique dans l'esprit de l'homme, du moins du créateur, était l'origine des constructions animées par la symétrie.

Il faudrait ici situer le problème dans une mathématique générale de la symétrie[12]. L'itinéraire proposé par Descartes dans la Règle X préfigure celui qu'a dû effectuer Valéry et que désigne, dans ses Cahiers une brève note évoquant l'« *échelle de symétrie* » (*C*, I, 96) : « *Il faut approfondir tout d'abord les arts les moins importants et les plus simples, comme sont ceux des artisans qui font de la toile ou des tapis, ou ceux des femmes qui brodent ou font de la dentelle ainsi que toutes les combinaisons de nombres et toutes les opérations qui se rapportent à l'arithmétique, et autres choses semblables.* » (DESCARTES, Règle X)[13]. Qu'on le cherche dans les tapis et dentelles ou, comme y invite l'« Introduction à la méthode de Léonard de Vinci », dans l'art grec, arabe, gothique ou japonais, « *les groupes de courbes, les coïnci-*

dences de divisions » (*Œ*, I, 1184), l'ornement est une mathématique visible. En 1894, Valéry le met sous le signe de la *continuité* : à chaque point, on peut associer *n* points par rapport à un plan ou un axe de symétrie. En 1900, il précisera que l'objet symétrique se mesure sans étalon humain :

la symétrie et les qualités de ce genre coïncident avec l'*élimination du sujet pensant* — Conséquences remarquables —
Ici par symétrique j'ai entendu qu'une transformation élémentaire permettait de passer d'un des objets à un autre.   (*C*, I, 835)

En illustrant sa note de croquis, il s'attache plus tard au problème classique de pavage du plan :

Géométrie des éléments d'un plan couvert de carrés, de triangles équilatéraux ou d'hexagones [...] Tout le plan est engendré par transformations finies de la *figure-germe*   (*C*, XV, 82)

Pour bien comprendre dans quel cadre très général — celui d'une géométrie réduite à l'algèbre — s'inscrit l'étude de la symétrie, il faut se reporter à l'œuvre de Félix Klein qui exerça une forte influence sur la pensée du jeune Valéry. Klein a ramené la géométrie à la structure simple de groupe de transformations et mis en évidence la notion d'invariant[14]. Ce que Valéry recherche, c'est une définition rigoureuse transcendant les formes particulières de symétrie que donnent la nature ou l'art. On la trouvera dans l'ouvrage moderne de H. Weyl qui en explicite avec clarté les données. La symétrie est « *l'invariance d'une configuration d'éléments pour un groupe de transformations automorphiques* » (p. 9[12]), un automorphisme étant une « *transformation qui conserve la structure de l'espace* » (p. 27[12]). Valéry écrivait de façon moins technique : « *La symétrie est une forme éminente de jugement. [...] Des choses sont symétriques quand elles jouissent de propriétés identiques par rapport à une chose. Elles peuvent déterminer cet objet.* » (*C*, II, 170).

C'est dans cette problématique, exigeant une réelle compétence mathématique, qu'on replacera, évoquées par les notes plus ou moins abstraites et les croquis, les figures de symétries, reliées aux notions fondamentales de *translation* et de *rotation* (*C*, X, 294), ainsi que leur combinaison. De la symétrie linéaire de translation — le *report infini*, la répétition à un rythme spatial régulier — aux formes complexes comme l'étoile à cinq branches (XI, 487), les symétries de rotation d'ordre élevé des cristaux[15] ou des colonnades, les corps parfaits platoniciens[16], en passant par la spirale logarithmique qui régit la phyllotaxie[17] et le mouvement hélicoïdal des coquilles où une loi de progression géométrique — un changement d'échelle[18] — s'inscrit dans les volutes, c'est un immense registre de figures réglées par le nombre que parcourt ici l'imaginaire abstrait.

figures de temps
(*C*, XIV, 301)

« *Rythme est forme dans le temps — forme successive — forme dans le sens d'*élément *entier, reconnaissable. Il faudrait préciser cet élément — qui se rencontre dans les gammes, dans les petits nombres — dans les systèmes d'éléments — actes — perceptions qui peuvent se répéter — et qui sont caractérisés par la convertibilité immédiate et réciproque de successif en simultané, de plusieurs en un.* »
(*C*, XI, 599)

L'idée très générale de rythme excède la seule musique. C'est celle de proportion dans l'espace et le temps. Viollet-le-Duc rappelle que « *rythmer un édifice, pour le Grec, c'était trouver une alternance de vides et de pleins qui fussent pour l'œil ce qu'est pour l'oreille, par exemple, une alternance de deux brèves et une longue* » (t. VIII, p. 513[1]). Mais dans les *Cahiers*, le rythme est analysé comme figure dans le temps, ou encore « *figure successive* » (*C*, VIII, 610) dont *« une partie donne le tout* », participant ainsi à la fois de la symétrie de la commune mesure et de celle de la géométrie. Si l'art du rythme est de « *spatialiser le temps* » (XII, 306), Valéry insiste là encore sur la symmétrie, sur l'importance, dans la construction d'une suite, de l'intervalle commensurable (XV, 6).

Musique et mathématique. Architecture etc.
Il ne s'agit des rapports de sons [...] ni des temps —
Mais à présent des combinaisons qui conservent, qui se peuvent grouper et associer de sorte que le *tout dans chacune soit conséquence de la partie.*
Ici partie initiale suffisante (*C*, XII, 304)

Dans les notes de la maturité, Valéry cependant envisage en général le cas le plus simple, qui correspond à la symétrie linéaire de translation, équivalent de l'ornement géométrique élémentaire à « report infini » dont il dessine le schéma, avec celui de touches de piano, en marge d'un passage définissant le rythme comme « *un élément de construction de durée* » (*C*, XV, 45). C'est, écrit-il, « *une formule de transformation auditivo-musculaire — et généralisée — optico-musculaire* » (128). Après s'être attaché jadis, au temps de la lecture de Charles Henry, au rythme visuel, Valéry étudie le plus fréquemment l'exemple type des coups frappés, engageant l'ouïe et les muscles.

J'entends des coups - Pan - pan - pan. [...] « plusieurs » construit [...] l'*un* devient (n + 1)ème — un élément de « loi »
(*C*, XVII, 54)

Il faut trois coups pour faire une suite[19], c'est-à-dire la perception de deux intervalles, égaux ou inégaux. Tout se fonde ici sur « *la plus simple des opérations* [...] la répétition » (*C*, XXI, 3)[20], qu'elle soit réelle ou simplement ressentie comme possible. Les Cahiers insistent sur cette donnée de base. Un rythme est « *la figure motrice de ce qui peut se répéter* » (XI, 268), ou encore « *le* schéma sensible [...] *d'une unité d'action* répétable » (XVIII, 446).

Rythme — *la possibilité d'une périodicité*[21] et donc la perception d'une séquence telle qu'elle *organise* en nous de quoi être répétée ; la forme de répétition et la tendance à répétition, ce sont les vrais caractères essentiels. (*C*, XV, 284)

Par l'accent mis sur l'élément rythmique, qui le retient plus que la mélodie, Valéry semble penser la musique en architecte et en mathématicien. Des notes de 1900 la définissent comme un « *moyen de saisir le formel* » (inédit). Socrate, dans « Eupalinos », la nomme « *un édifice mobile, et sans cesse renouvelé, et reconstruit en lui-même* » (Œ, II, 10). Mais le plus important dans l'analyse est la présence du corps, ou plutôt l'incorporation du rythme. Celui-ci participe des mathématiques et il est en même temps le lien le plus immédiat du corps (et non de l'esprit seul) avec l'art : « *(une sorte de compréhension musculaire — par les centres moteurs) d'une suite d'événements suffisamment rapprochés* » (*C*, XV, 30). Saisi dans le cas des coups réguliers, il est comme une incarnation des problèmes de la symétrie, ou une transcription corporelle de ce qui se calcule en termes d'algèbre. Derrière une simplification apparente[22], il faut voir un élargissement réel de la réflexion. L'art du nombre et de la proportion et un ordre non plus statique mais dynamique sont appliqués à la matière vivante. Le rythme est un montage d'actes « *d'ordre musculaire implexe* » (XXI, 276), il ne se conçoit qu'en fonction d'une sensibilité réceptrice. Par là même, il est non *« division du temps » (XVIII, 83), mais *« édification [...] construction [...] Durée organisée » (XXIII, 92).

Rythme ne se réduit pas à des événements auditifs successifs et à des intervalles de *temps pur*. Mais c'est création d'une organisation (comme des astres suggèrent une *figure*). Ici au lieu de *lignes* certaine distribution successive engendre une liaison de production par actes.   (*C*, XVIII, 480)[23]

Au-delà de cet exemple didactique, la grande musique est un « *excitant général par l'ouïe d'un clavier nerveux presque complet* » (*C*, X, 375), à la fois l'art « *le plus structural* » (XIX, 878) et « *le plus organique — le plus corporel* » : un inestimable « *art des transformations* » (XVIII, 479)[24] qui donne une forme sensible aux choses abstraites. C'est Bach et sa *Suite en ré majeur* que Valéry choisit comme la plus parfaite réalisation d'une «*figure harmonique*» (XXVII, 399) : «*Chose sans prix. Donnant l'idée de l'exploitation totale formelle fermée d'un Possible tout commensurable*» (XVII, 60). Esquissée en marge, la construction de l'hexagone régulier par des arcs de cercle passant par le centre en donne la formule : «*une seule longueur donne le tout et un seul acte*». Ailleurs, c'est une coupole hexagonale qui illustre une semblable méditation :

Il y a *Harmoniques* quand les transformations conservent le retour et s'enchaînent sans introduction de facteurs qui ne soient pas du groupe. [...] Dans ces transformations, la partie demande le tout à la sensibilité productrice. Le «Tout» est un indivisible virtuel.

(C, XXVII, 399)

S'il faut dire que «*le RYTHME est à l'*Être *ce que le NOMBRE est au* Connaître» (*C*, VIII, 610), peut-être Wagner va-t-il au plus loin, qui sait orchestrer les grands rythmes viscéraux, «*agir ad libitum sur le système nerveux général*» (IV, 206), et non mettre en branle les seules machines des muscles et de l'esprit qui compte sans le savoir[25]. Bach, «*Triomphe de la Musique intrinsèque*» (XIV, 751), Wagner, maître des «*modulations psycho-physiques*» (XVIII, 78), sont en tout cas les deux grands créateurs auxquels l'architecture n'opposera que des rêves ou des mythes.

Mais ce qui réunit, dans leurs multiples sens, rythme et symétrie, c'est sans doute la danse, corps en acte, mobile architecture de chair, musique animant la matière vive et réglant l'équilibre en perpétuel changement. Les pas de la danseuse, réglés par les lois du nombre, inscrivent leur mathématique vécue dans l'ordre du vivant. Le corps dansant, maître de ses formes, est alors la figure de l'esprit, au plus près de sa perfection : «[...] *et comme dans notre esprit se forment symétriquement les hypothèses, et comme les possibles s'ordonnent et sont énumérés, — ce corps s'exerce dans toutes ses parties, et se combine à lui-même* [...] *le corps qui est là veut atteindre à une possession entière de soi-même, et à un point de gloire surnaturel !*» (*ÂD*; *Œ*, II, 172).

l'homme à la lyre

> « *Autrefois, aux siècles orphiques, l'esprit soufflait sur le marbre* [...] *Demain, le suprême édificateur surgira d'un peuple* [...] *le dieu tient la lyre entre ses doigts d'argent. Le dieu chante, et selon le rythme tout-puissant, s'élèvent au soleil les fabuleuses pierres.* »
> (« Paradoxe sur l'architecte » ; *Œ*, II, 1402–5)

Le mythe d'Orphée, tel un mythe platonicien, servira à exposer les différents temps d'une pensée. Valéry ne le perd jamais de vue, même s'il n'est parfois que le « *suprême édificateur* » (*Œ*, II, 1403) encore sans nom, « *l'âme* [...] *musicienne* » rêvée, ou s'il prend plus tard la forme d'Amphion. Si Orphée deviendra l'homme du corps, engagé dans l'aventure sensible, il est d'abord lié à la pensée ancienne, à l'orphisme, explicitement noté dans les brouillons du « Paradoxe sur l'architecte », qui a hérité du pythagorisme mathématique. Alors apparaît le poète, dont le suprême bien est d'« *établir un rapport* [...] *dans un rythme harmonieux* » (« Paradoxe... » ms) :

Le POÈTE recrée le monde (*comme un domaine d'Arnheim*) au moyen des rythmes *uniques*, éternels et *divers* —
Il fait se mouvoir selon une danse, un Homme parfait dans un paysage pur, qui dit de magnifiques paroles sur une musique divine.
(« Proses anciennes » ms, 97)

Un carnet de 1892-93 associait, sous le titre « Cosmogonies idéales » (ms), « Narcissus et Orphaeus ». À Narcisse, dominé par les « *rythmes premiers* » qu'il contemple, s'oppose Orphée qui est « *le même* [...] *arrivé à l'expérience* », homme du chant et du rythme gouverné : « *Les rythmes naturels obéissent à ses doigts. Il saisit le Dieu par les objets sur lesquels il se pose* » (ms). Le mythe réduit Orphée à la construction, à la cosmogonie par le nombre. Dans le rêve du « Paradoxe », après trois siècles de décadence depuis la cathédrale médiévale, « *l'architecte de l'avenir* » (*Œ*, II, 1403), détaché des choses visibles et habité d'une « *pensée de musique agrandie* », retrouvera l'inspiration orphique et « *les richesses ouvertes à celui qui aura l'intelligence mathématique des plus lointains rapports* » (1404). Le renouveau que Viollet-le-Duc appelait, Valéry le prédit sur un ton prophétique, affirmant l'avènement prochain d'une architecture égalant les œuvres des grands symphonistes, d'un Beethoven ou d'un Wagner : tabernacles et sanctuaires imprévus où renaîtra la Symmétrie :

Car de subtiles analogies unissent l'irréelle et fugitive édification des sons, à l'art solide, par qui des formes imaginaires sont immobilisées au soleil, dans le porphyre. Le *héros*, qu'il combine des octaves ou des perspectives, *conçoit en dehors du monde...* (Œ, II, 1403) [...] le temple érigé par ce *musicien* unit la sûreté des rythmes anciens, à l'âme immense du grand hymne sur la lyre !...

(Œ, II, 1405)

Le rêve d'incarner ces analogies dans un spectacle quasi liturgique, d'abord évoqué avec Debussy, se concrétisa avec Honegger en 1931. Valéry lui posa le problème de « *la naissance même de la musique* » (I, 1707) mise sous le nom du héros Amphion :

J'ai demandé à Honegger de faire en quelques instants, à partir du moment où Amphion découvre ou invente l'art des sons, un développement foudroyant de toutes les ressources de cet art — depuis la gamme jusqu'à la grande fugue. (II, 1283)

La découverte de la lyre et l'invention de la gamme, thème initial d'*Amphion*, nous ramènent à l'antique mysticisme esthétique lié à l'art des nombres. La Lyre qui « *doit être conforme à la description de Philostrate et autres anciens* » (I, 174), est remise par Apollon :

Je place en toi l'origine de l'ordre, [...]
Je te confie l'invention d'Hermès ! [...]
Tu chercheras, tu trouveras sur les cordes bien tendues
Les chemins que suivent les Dieux ! [...]
Que ma Lyre enfante mon Temple, (I, 172-3)

La création de la gamme suit l'instant des premiers sons et des cordes frappées. Fondée sur le nombre et la mesure, la gamme pythagoricienne naquit de la mise en relation de la longueur des cordes de la lyre et des sons. C'était la découverte d'une loi physique fondamentale qui lie les consonances et les rapports de fréquence, exprimés en termes de cordes vibrantes. Elle devait s'inscrire dans la musique, intimement liée à la conception du texte.

L'épisode de la « construction » (I, 178-180)[26] où prend place le chœur des muses-colonnes, « Filles des nombres d'or », met en scène l'idée capitale qui donne toute son importance à ce bref mélodrame, et que l'évocation d'Orphée introduisait déjà dans le « Paradoxe sur l'architecte » : celle d'une *architecture en acte*, installée dans le temps comme la musique. La « *Marche des pierres* » associe l'édification du Temple et la création rythmique : Valéry a voulu donner corps à l'idée abstraite de la parenté des deux arts et figurer dans leur parallèle *construction* « *l'action la plus belle et la plus complète que l'homme se pût proposer* » (II, 1276).

La Marche des Pierres se dessine sur le fond chantant de l'orchestre par des rythmes très marqués et accidentés qui se classent, s'ordonnent peu à peu. [...] (I, 178)

La montagne est entièrement construite, revêtue du bas jusqu'aux cimes cristallines [...] de murs, pilastres, terrasses, galeries.
(I, 179)

À la limite, on placera l'aperception pythagoricienne de l'Harmonie des Sphères, présente au début d'*Amphion*, dans un décor de ciel nocturne avec quelques astres, et de roches de cristal : « *On entend dans le calme l'Harmonie des Sphères. Note aiguë et inhumaine, suggérant une rotation vertigineuse constante.* » (I, 167). La « Variation sur une pensée » précise ce fondamental leitmotiv :

— Quels sons doux et puissants, demande Eustathe à Pythagore, et quelles harmonies d'une étrange pureté il me semble d'entendre dans la substance de la nuit qui nous entoure ? Mon âme, à l'extrême de l'ouïe, accueille avec surprise de lointaines modulations. [...] Quel est donc le mystérieux instrument de ces délices ?

— Le ciel même, lui répondait Pythagore. [...] Un concert de voix éternelles est inséparable du mouvement des corps célestes. Chacune des étoiles mobiles, faisant vibrer l'éther selon sa vitesse, communique à l'étendue le son qui est le propre de son nombre. (I, 460)

l'homme module

> « Ô mon corps [...] vous êtes bien la mesure du monde, dont mon âme ne me présente que le dehors. » (E ; Œ, II, 99)

Il y a deux architectes dans Eupalinos, comme il y a deux esthétiques de la symmétrie. Celui du passé qui fut peut-être véritablement grec et fidèle aux règles platoniciennes ; et celui du présent, qui le renie : « [...] j'ai refait l'ordre des problèmes ; je commence par où je finissais jadis [...]... Je suis avare de rêveries [...]. Mais ce que je pense est faisable [...] » (E ; Œ, II, 92). Celui du présent, celui de l'avenir, pense et construit de tout son corps : « Mon intelligence mieux inspirée ne cessera, cher corps, de vous appeler à soi désormais. » (100). Le corps et l'esprit maintenant « travaillent de concert » : « Qu'ils se concertent, qu'il se comprennent au moyen de la matière de mon art ! »

Valéry a repris aux Anciens l'idée de Protagoras, qui anime tout son Système, que l'homme est la mesure des choses (voir C, IX, 242). Les « pouvoirs réels », fondés sur le respect des proportions et des actes humains, définiront mesures et rythmes, comme aussi le « langage absolu ». Dans le domaine précis de la symmétrie, on se souviendra du De Architectura de Vitruve[27] que Valéry a dû connaître d'abord par Viollet-le-Duc. « Quant à la symétrie, c'est un accord convenable des membres des ouvrages entre eux, et des parties séparées, le rapport de chacune des parties avec l'ensemble, ainsi que dans le corps humain, où il existe une harmonie entre le bras (la coudée), le pied, la palme, le doigt et les autres parties du corps. » (Vitruve, cité in Viollet-le-Duc, t. VIII, p. 511[1]). Le corps humain est le plus évident exemple de convenance de mesure ou de commodulatio : « La nature a *tellement composé le corps de l'homme, que chaque membre a une proportion avec le tout.* »[28]. Ainsi Valéry esquisse le croquis de la figure humaine régissant des mesures (cercle, lignes) et le rapport du visage au pied. Dans cette esthétique, celle du Moyen Âge et de la Renaissance, éclipsée depuis Palladio, mais prônée par Viollet-le-Duc, la commune mesure n'est plus déterminée géométriquement par des rapports de lignes à partir d'un cercle arbitrairement tracé définissant une colonne. Le module invariable est matière vivante, corps de l'homme. Coudée, brassée, bouchée, poignée, inscrivent leur mathématique vécue parmi les lois des nombres. Le souci d'établir « *dans toutes les parties* [*d'un édifice*] *un rapport exact avec l'homme* » (t. VIII, p. 557[1]) rejoint le problème valéryen des choses à l'échelle humaine.

Certes il était plus aisé de mettre un monument en proportion par des combinaisons de nombres indépendamment de l'échelle humaine, que de satisfaire les yeux en observant la loi de l'échelle humaine. Alors les combinaisons de nombres ne pouvaient plus être appliquées, car il fallait toujours partir d'une unité invariable, la taille de l'homme, et cependant trouver des rapports harmonieux.[1]

Une chose est à l'échelle humaine quand l'*idée* des rapports virtuels de notre corps et de ses actes avec elle, ne nous oblige pas à une modification de notre idée de notre corps et de ses pouvoirs.

(*C*, XV, 41)

Avant d'appartenir à Eupalinos, cette architecture du corps fut un des exercices essentiels de « Léonard de Vinci », ou plutôt, sous ce prête-nom, de l'esprit universel : « *Il adore ce corps de l'homme et de la femme qui se mesure à tout. Il en sent la hauteur, et qu'une rose peut venir jusqu'à la lèvre ;* [...] *et qu'il emplit de sa forme rayonnante une salle possible, une concavité de voûte qui s'en déduit, une place naturelle qui compte ses pas.* » (*Œ*, I, 1178-9). Plus subtil cependant est l'art de l'architecte. Il semble transposer le *canon* de la statuaire grecque quand un temple élégant « *reproduit fidèlement les proportions particulières* » (II, 92) d'une jeune fille, dont il est « *l'image mathématique* ». Mais au-delà, il a imprimé dans le marbre la trace d'un heureux jour d'amour : d'une *commodulatio*[29] vécue dans l'union de deux êtres, d'une convenance harmonieuse des sensations et des émotions, d'un chef-d'œuvre de l'art de vivre. C'est l'homme tout entier, corps et âme, qui définit l'édifice ; alors celui-ci possède la chose la plus personnelle et la plus universelle à la fois : la Voix. Mieux encore, le Chant : on sait quelle place il occupe dans l'imaginaire de Valéry. Les édifices qui *« chantent » (93) ne naissent pas de la seule mathématique régissant également les formes visibles et les sons successifs. Ils attestent une avancée du créateur « *jusqu'à l'extrême de son être* » (96), jusqu'à une « *origine intime et universelle* », un « *point précieux* » ou un « *dieu [trouvé] dans sa propre chair* ».

symétrie agitée

Tridon le Phénicien est un autre architecte. Un poulpe dont les fouets avides interrogent sans cesse les eaux doit être son emblème[30]. Il connaît les conseils des sages : « *Une parole de Pythagore, un précepte et un nombre qu'on retint de Thalès* [...]. » (*Œ*, II, 135). Au plus loin en apparence de la pure abstraction, le constructeur de navires, l'homme des édifices mobiles, œuvre à partir des conditions concrètes.

Il sait que la mesure doit non seulement tenir compte de « *la nature de la matière employée* » (t. V, p. 515[1]), mais aussi du milieu sans cesse en mouvement qui a nom l'Océan. Mariant la pratique et la théorie, il raisonne en termes de formes et de forces. Sa symétrie s'appelle d'abord *équilibre* : « [...] *il imaginait son vaisseau suspendu au bras d'une grande balance, dont l'autre bras supportait une masse d'eau...* » (*Œ*, II, 137). Équilibre sans cesse à rétablir parmi courants et tempêtes, tangage et roulis, que d'« *étranges figures* » régissent.

Il donne vie à cette « *esthétique navale* »[31] que, dès 1894, Valéry se proposait de décrire et de théoriser :

Le navire ; flottaison et mouvement. Constructions diverses. Conditions de résistance de l'eau — architecture interne, couverture, efforts résistants, efforts moteurs — chocs. Résistance à la flexion. [...] Les formes extérieures — œuvres vives — œuvres mortes, tec. symétries.

(C, I, 96-7)

Les délicates modulations des carènes, de leurs volumes et de leurs formes, furent très tôt un thème venu des inspirations méditerranéennes. Si les structures sont, non pas construites *a priori* mais empruntées à la matière vive, si le modèle est la « navigabilité » du marsouin ou du thon, les navires n'en sont pas la simple copie, mais des symétriques complexes où le problème de l'ordre de grandeur ou du changement d'échelle intervient. L'art de construire se démarque ici de la géométrie :

La figure est indépendante de la grandeur et le demeure *verbalement* ad infinitum. Mais la figure physique ne l'est qu'entre des limites étroites. (C, XVII, 97)

Tout change avec la grosseur. La forme ne suit pas l'accroissement si simplement ; et ni la solidité des matériaux, ni les organes de direction, ne le supporteraient. Si une qualité de la chose grandit selon la raison arithmétique, les autres grandissent autrement. (Œ, II, 138)

Les manuscrits d'« Eupalinos », après avoir évoqué « *la proportion antique* » (E ; D I ms, 243), désignent son équivalent moderne : « *créer dans la nature des objets neufs déduits de la nature qui n'y existaient pas* ». C'est une « *création par analyse* » — l'art naval en est le meilleur modèle — dans laquelle il faut « *trouver la forme à partir des conditions* ». À la chapelle d'Eupalinos répond, comme un pendant subtil, une merveille sur la mer, la plus pure fille de Tridon, « *la fine* Fraternité » (Œ, II, 138), dont la hanche s'appuyait à l'eau.

« *se mettre à la place du dieu* »

Le constructeur de temples ou de navires n'est qu'une figure approchée de celui dont le mythe hante le dialogue de « l'Architecte » : le Démiurge, le dieu créateur tel qu'on le voit dans le *Timée*, ou plutôt tel qu'il pourrait être une fois transposé à l'échelle humaine. « *Traiter la construction comme* une cosmogonie » (*E* ; *D I* ms, 270), disent les brouillons, et encore : « *Au commencement était la carrière.* » Le rôle est conçu pour appartenir au sage, à Socrate. « *Moi Socrate Démiurge* » (271). Mais le thème est d'abord annoncé par la « *chose si bien réglée* » (*Œ*, II, 83) que fut l'art d'Eupalinos. Ici reparaît l'image ancienne du grand héros, Orphée :

Je lui trouvais la puissance d'Orphée. Il prédisait leur avenir monumental aux informes amas de pierres et de poutres qui gisaient autour de nous ; et ces matériaux, à sa voix, semblaient voués à la place unique où les destins favorables à la déesse les auraient assignés.   (*Œ*, II, 83)

Maître de l'œuvre, il est avec ses ouvriers comme le Démiurge avec ses agents :

Il ne leur donnait que des ordres et des nombres.
                            SOCRATE
        C'est la manière même de Dieu.   (*Œ*, II, 83)

Mais dans la hiérarchie des esprits, Socrate, complété de son symétrique « *l'Anti-Socrate* » (*Œ*, II, 142), unissant enfin le *construire* au *connaître*, irait plus avant dans la voie de la perfection. Si toute son entreprise est placée sous le signe de « *l'homme, et l'esprit de l'homme* » (91), il parcourt les diverses étapes d'une méditation de l'art et de l'espace dans lequel celui-ci s'inscrit. Il ne dément pas Phèdre quand il récuse le platonisme, affirmant que la beauté « *ne réside pas [...] dans ces modèles situés hors nature, et contemplés par les âmes les plus nobles comme les exemplaires de leurs dessins et les types secrets de leurs travaux* » (88), se démarquant ainsi de la doctrine du *Timée* : « *il est absolument évident pour tous que l'ouvrier a contemplé le modèle éternel* »[32]. Allant du plus simple au plus complexe, et avant d'aboutir à son propre « De Architectura », Socrate expose à sa manière la naissance de la pensée géométrique, intimement liée aux gestes humains. S'attachant d'abord à la géométrie plane, ce n'est pas dans le ciel qu'il cherche des figures ; il étudie le tracement et la pratique du dessin, depuis le tracé libre et informe, jusqu'à l'acte soumis à une parole exacte, en passant par le tracé d'un contour asservi à l'imitation et à la présence de l'objet : l'ombre de Socrate sur le mur, rappelant le mouvement de baguette saisissant sur le sol l'ombre de l'être aimé évoqué par le *Discours sur l'origine des langues*[33]. Ainsi relatée, la naissance de la pensée géométrique s'appuie sur une démarche intellectualiste, sur une faculté de construire et une méthode créatrice liées à des actes positifs et concrets[34]. Mieux encore, la géométrie est régie par « *les paroles les plus simples* », « *les nombres* » (*Œ*, II, 113). Déjà cartésienne en somme et fille de l'algèbre. Le géomètre aveugle doit à Descartes sa méditation :

Pour un temps, il se retire des images, et cède aveuglément au destin que font aux paroles les machines de l'esprit.   (*Œ*, II, 111)

Par la correspondance réciproque qu'il [*Descartes*] établit entre les nombres et les figures, il délivre la recherche de l'obligation de soutenir l'image et de s'y reporter.   (*Œ*, I, 819)

Et cette méditation le conduit au plus près d'une posture divine : « *Il ne reste plus de la pensée que ses actes* [...] *Elle extrait enfin de ses ténèbres le jeu entier de ses opérations...* » (*Œ*, II, 111). Il y a trois degrés dans la parole, comme dans la perfection des édifices ; et la suprême, qui est aussi la plus simple, celle des nombres, possède cette physionomie inhumaine que les Égyptiens ont prêtée à leurs dieux.

Mais ces nombres enfin doivent aboutir à des formes sensibles destinées aux hommes : « [...] *nous bâtissons, pareils à Orphée, au moyen de la parole, des temples de sagesse et de science qui peuvent suffire à tous les êtres raisonnables.* » (*Œ*, II, 113). Les regrets de Socrate l'arrachent à l'espace abstrait du géomètre, celui où il est permis de dire *je puis*, sans être asservi aux exigences des choses réelles. Le rêve était déjà prêté à Léonard de Vinci : « *Il reconstruit tous les édifices* » (I, 1177). Il devient celui de l'anti-Socrate qui conçoit son ouvrage selon une méthode inspirée de Vitruve et cherche les rapports harmonieux qui tiennent compte aussi des conditions pratiques et de la fonction d'une construction[35]. Ainsi s'établit l'accord des parties entre elles et du tout avec l'homme, dans des « *objets tout ordonnés à la vie et à la joie de la race vermeille* » (II, 146). Objets enfin où la symmétrie, ou encore l'eurythmie, régissent non la seule forme, mais la relation de la forme et de la matière, et réunissent le corps et l'âme dans d'égales délices, face à des « équilibres magnifiques ».

Dans le secret des manuscrits, l'ambition socratique et le but philosophique assigné à l'art s'exposent avec plus de clarté. Poussé au plus haut degré de généralité, c'est l'idéal de *commodulatio* du sensible et de l'intelligible, du corps et de l'esprit qui se formule plus modestement dans la prière d'Eupalinos :

La tâche de l'esprit est de reconstruire l'univers selon le corps. [...] De sorte que l'univers tout entier s'il était construit (ou reconstruit) de cette manière serait la réponse d'un Suprême Artiste à *Une* (suprême) pensée selon la matière, — le temps tout entier de l'ère éternelle étant l'équilibre de l'instant au moyen de la matière.   (*E* ; *D* I ms, 270vo)

degrés de symétrie

Au plus bas de l'échelle, évoquons ce rêve d'une symétrie effacée : « *Temple dont chaque degré est d'une hauteur* singulière — *où rien ne se répète* — *chaque baie a son module, sa figure. Chaque aspect en est imprévu.* » (*C*, XI, 333). Au plus haut, il y aurait la Tête cristalline, la parfaite architecture d'une « *structure réfringente* » (XXIV, 3) à l'intérieur d'une sphère, telle que la lumière « *se ferme sur elle-même dans l'instant, substituant à l'espace l'ordre et au temps une éternité* ». Posée dès la jeunesse et toujours ensuite présente, la théorie des *degrés de symétrie* s'éclaire dans le cadre de la mathématique et de la construction selon la symmétrie[36]. « *La théorie des degrés de symétrie implique une commune mesure de tous les groupes possibles. Cette commune mesure ne se donne pas dans le groupe même, mais dans le groupe de variations dont ce groupe est susceptible.* » (*C*, I, 119). Le concept de groupe d'ordre plus ou moins élevé est l'instrument adéquat pour définir l'organisation d'un objet ou d'une figure. La symétrie bilatérale de l'humain (avec l'intime structure complexe que sa forme extérieure cache), la symétrie cyclique des rosaces de cathédrales[37], ou la «*rayonnante symétrie*» (*Œ*, II, 1173) octogonale de la méduse vivante[38], sont des images éloquentes à situer dans une hiérarchie qui conduit, dans l'abstrait, du point à la sphère; dans le vécu de l'homme universel qui sait ordonner les variations des visages, «*d'une sagesse à une moindre, d'une bonté à une divinité, par symétrie*» (*LV*; *Œ*, I, 1179).

Mais le problème se complique quand il devient celui de l'harmonie du tout et des parties, et du *faire* opposé au *produire* exposé dans «Eupalinos». En face de la merveille organisée qu'est un arbre, Socrate dénonce le «*désordre*» (*Œ*, II, 123) des structures nées du construire humain. L'art du stratège réalise avec des hommes des dispositions simplificatrices, ou la seule ordonnance des gradins d'un théâtre, et la musique même égalisant les âmes dans l'unisson d'une émotion (*MT*, 21). «*L'"Esprit" donne à des objets pensables de degré p des arrangements de degré n <p.*» (*C*, XII, 87). Il y a pourtant une hiérarchie parmi les constructeurs. Les plus grands sont les plus subtils[39], qui créent sans ignorer la multiplicité sensible des choses, en philosophes peut-être, si «*philosophe est celui qui [...] veut avoir besoin de tout*» (*E*; *Œ*, 125). Ils se proposent de construire comme la nature produit; ils savent «*imiter non les choses réelles, mais la complexité fermée des choses réelles, les connexions*» (*C*, XVIII, 468) : non les objets, mais les processus.

C'est le secret de ces artistes purs que sont les «géomètres» : «*Ils substituent à la nature, contre laquelle s'évertuent les autres artistes, une nature plus ou moins extraite de la première, mais dont toutes les formes et les êtres ne sont enfin que des actes de l'esprit. De cette manière essentielle, ils construisent des mondes parfaits en eux-mêmes*» (*E*; *Œ*, II, 132[40]). C'est celui d'un Descartes, architecte de l'espace intelligible, maître de toutes ses figures particulières (*Œ*, I, 822). Moins abstraitement, c'est celui d'un Sébastien Bach : «*une composition* [...] *qui n'emprunte rien au sentiment, mais qui construit* un sentiment sans modèle, *et dont toute la beauté consiste dans ses combinaisons, dans l'édification d'un ordre intuitif séparé,* est [...] *une immense valeur tirée du néant...*» (676). De cette beauté pure et comme algébrique, l'homme soumis aux exigences diverses de la matière, devant conjuguer l'utile et le solide avec le beau, s'approchera plus ou moins. C'est ici la place de l'intelligence léonardienne. Elle médite sur l'accord harmonieux des conditions multiples du monument. Elle laisse «*maint projet d'une église*» (1190) : une étude systématique de toutes les formes possibles pour un édifice construit sur la symétrie de rotation[41]. Elle se joue aussi «*à concevoir les sensations futures de l'homme qui fera le tour de l'édifice, s'en rapprochera, paraîtra à une fenêtre, et ce qu'il apercevra*» (1189).

Désignons ici les buts, divers et profondément convergents. Il faut donner à l'œuvre de l'art la *consistance*[42], cet autre nom de la symétrie, réaliser l'harmonie de la *forme* et de la *matière*[43] au point qu'enfin elles «*sont de même venue et vivent ensemble*» (*C*, XIII, 470), et cela par une démarche qui a toujours fasciné Valéry, une «*synthèse du procédé naturel*» ou du moins un effort pour y parvenir. Ce sera «*ajouter aux combinaisons réelles*» (IV, 490)[44] en introduisant dans le monde des objets d'un degré de symétrie élevé, avec l'idée sous-jacente que le réel, la secrète structure du monde vivant, est régi par les lois du nombre. Mais il faut aussi, comme l'Architecte, éprouver ces objets à la mesure humaine et se construire en construisant : faire d'une existence «*une sorte d'ouvrage humain*» (*Œ*, II, 92), avancer dans sa «*propre édification*», tendre à une «*exacte correspondance entre les vœux et les puissances*». C'est une ascension dans la hiérarchie des esprits, dont la limite est le «*merveilleux cerveau*»[45] — «*un objet symétrique, une sorte de* système complet en lui-même» (*LV*, 1179) — dont l'infini degré de symétrie est aussi un infini degré de liberté[46]. Il y a plus, car l'art se fait dans la communication. Le créateur élabore « *les émotions et les vibrations de l'âme* » (*Œ*, II, 86) du futur récepteur de son œuvre. Maître de la volupté spirituelle, il tend à imposer à l'autre son rythme propre et ses lois : à l'édifier en somme comme il s'édifie lui-même, à le conduire au même degré[47], à réaliser par le plaisir esthétique l'entière mise en résonance des possibles de l'homme. Dans l'art comme dans l'amour, le but est enfin la *commodulatio*.

1. M. Viollet-le-Duc, *Dictionnaire raisonné de l'architecture française du XIe au XVIe siècle* (Paris, Morel, 1869) ; Échelle (t. V) ; Proportion (t. VII) ; Symétrie (t. VIII).
    2. Cf. *C*, XI, 356 ; XI, 326 :
            Pensée théorique ... Symétrique
                    symmétrie ordre
    3. Cf. *C*, XI, 360 : « *Les combinaisons régulières, tantôt les plus fréquentes tantôt les plus rares — symétrie.* »
    4. Ce thème, présent dans l'« Introduction à la méthode de Léonard de Vinci », a cherché aussi, les manuscrits le montrent, sa place dans « Agathe ».
    5. Le nombre d'or ($\frac{1 + \sqrt{5}}{2}$) est celui qu'on peut le plus difficilement approcher par un nombre rationnel.
    « *La* proportion, *vieux problème* », note Valéry (*C*, IV, 818). L'esthétique platonicienne est fondée sur les proportions.
    6. Ainsi Hyeron Zeuthen, *Histoire des mathématiques dans l'Antiquité et le Moyen Âge*, trad. J. Mascart (Paris, Gauthier-Villars, 1902).
    7. Voir *C*, I, 233, le croquis d'une main réduite à un demi octogone.
    8. Valéry ne s'intéresse qu'occasionnellement au problème de la gauche et de la droite, qui pour l'esprit mathématique ne présentent pas de différence. Cf. H. Weyl, *Symétrie et mathématique moderne* (Paris, Flammarion, 1964), p. 27, n. 13 ; « *La structure intime de l'espace ne permet pas sinon par choix, de distinguer une vis à gauche d'une vis à droite.* »
    9. Cf. *ibid.*, p. 13-4 : « *En raison de leur symétrie complète de rotation, le cercle du plan et la sphère de l'espace étaient considérés par les Pythagoriciens comme les figures géométriques les plus parfaites. Aristote attribuait la forme sphérique aux corps célestes car toute autre forme eût attenté à leur perfection divine.* »
    10. Voir *N* ms 1, 119vo : Valéry dessine et calcule des courbes sphériques.
    11. Cf. H. Weyl (*op. cit.*), p. 27. Le mathématicien dit simplement : « *la réflexion dans un miroir est un automorphisme* ».
    12. Je renvoie ici à l'ouvrage très éclairant d'Hermann Weyl (*op. cit.*). Il est indispensable au lecteur non mathématicien pour comprendre en quels termes Valéry, précurseur là encore, pose le problème de la symétrie.

13. DESCARTES, *Regulae* ; *Œuvres* (Paris, Gallimard, « Bibl. de la Pléiade », 1953), p. 70.

14. Voir F. KLEIN, « Lectures on the Icosahedron an the solutions of the Equations of the fifth degree », *Nature* [Londres], May 9, 1889. C'est la considération des diverses superpositions possibles de l'icosaèdre régulier qui permit à Klein d'appliquer la théorie des groupes à la solution de l'équation générale du 5e degré. Valéry a traduit un passage de son article (inédit).

15. Les cristaux sont des symétries de rotation d'ordre 2, 3, 4, 6.

16. Voir *C*, VI, 819.

17. Le motif invariant dans ce cas n'est pas un déplacement, mais une homothétie.

18. Cf. l'exemple de l'arbre : « *Calcul de l'arbre. Sa géométrie, ses équilibres. Ce vecteur tournant et vissant.* Tourbillon de transformations, vortex *vissé dans l'accidentel en partie favorable.* » (*C*, XII, 17).

19. Voir *C*, XX, 170.

20. Voir *C*, XVII, 734, où Valéry note l'identité entre le « déplacement » et la répétition. La répétition simple est plus fréquente en musique que la réflexion (inversion du temps, reproduction inversée qu'on peut trouver dans la fugue). Rare dans la mélodie, celle-ci est plus aisément maniée dans les schémas rythmiques : alternance ïambe/trochée ou dactyle/anapeste par exemple.
La répétition, qui suppose aussi, pour être sensible, la non répétition (*C*, XIV, 572 ; XVI, 478) est un problème complexe appelant une étude plus précise. Valéry note que la répétition de n'importe quoi fait passer de l'accident à la loi : « *Une plumée d'encre écrasée dans le pli d'un papier, on a une tache symétrique.* » (*C*, XIV, 301).

21. Évoquant la *périodicité* (*LV* ; *Œ*, I, 1174), Valéry écrivait dans une note marginale supprimée sur épreuves : « *J'assimile ici symétrie et périodicité* ».

22. Le rythme est régi par une loi simple. « *Une loi est simple quand elle est intuitive, c'est-à-dire imitable par le corps.* » (*C*, IX, 110).

23. Cf. *C*, XIX, 381 : « *Le rythme introduit une prévision organique analogue à cette* prévision *qui nous fait prévoir le prolongement d'une droite et celui d'un arc de cercle — dont un segment est donné, ou tracer des droites entre des étoiles.* »

24. Valéry précise : « *Art des écarts d'une position ou situation d'*équilibre *auditif — de sorte que le successif ou la substitution, — qui est la loi, est, en quelque sorte, tempéré.* »

25. Bach suscite une sorte de réserve, pour sa perfection purement mathématique : « *Aspect inhumain des œuvres "parfaites". Bach — serinette — Enchaînements de théorèmes.* » (*C*, IV, 480).

26. Elle est, dans *Amphion*, liée à l'idée d'un modèle éternel :
Et la Cité qui doit paraître aux yeux des hommes
Est déjà toute conçue étincelante
Dans les Hautes Demeures des Immortels   (*Œ*, I, 177)

27. Valéry cite Vitruve dans les manuscrits d'« Eupalinos » : « *proportio est ratio partis membrorum in omni opere totiusque commodulatio ex qua ratio efficitur symmetriam. BK.150* » Vitruve.

28. Vitruve, *Les Dix livres d'architecture de Vitruve avec les notes de Perrault*, par E. Tardieu *et* A. Coussin (Paris, 1834) ; L. III, chap. I, « De l'ordonnance des temples et de leurs proportions avec les mesures du corps humain », p. 90. Cf. Viollet-le-Duc, *op. cit.*, t. VIII, p. 512 : « *Les Grecs accordaient la qualité de symétrie par excellence au corps de l'homme, non parce que ses deux moitiés longitudinales sont semblables, mais parce que les diverses parties qui les constituent sont dans des rapports de dimensions excellents, en raison de leurs fonctions et de leur position.* »

29. Valéry utilise à propos de la relation amoureuse ce mot de *commodulatio* qui appartient au vocabulaire de Vitruve et que Perrault traduit par « convenance de mesure » (*C*, VII, 634).

30. Voir le dessin stylisé qui orne la formule « *symétrie agitée* » (*C*, XVIII, 627).

31. Il ébaucha un projet d'article sous ce titre (I, « Proses anciennes » ms, 121–32).

32. Platon, *Timée*, 29 *a*, trad. A. Rivaud (Paris, Les Belles Lettres, 1970).

33. Rousseau, *Discours sur l'origine des langues*.

34. Cette conception diffère de la démarche initiale, proche de l'intuition ; ainsi chez un Aristote, pour qui la géométrie part du volume dépouillé de la profondeur, puis de la surface pour aboutir à la ligne et au point.

35. Ce que Vitruve appelle *decor* c'est-à-dire convenance (à la destination, entre l'extérieur et l'intérieur, à la nature des lieux).

36. Ainsi, il y a 17 groupes de symétries possibles pour un ornement à deux dimensions avec double report infini. Les motifs décoratifs de l'antiquité en offrent tous les exemples (H. Weyl, *op. cit.*, p. 105).

37. Cf. dans « La Cathédrale » (*M* ; *Œ*, I, 290-1), cette comparaison qui nous ramène au corps : « *Une Rose me fait songer à une immense rétine épanouie, en proie à la diversité des vibrations de ses éléments vivants, producteurs de couleurs... »*

38. Cf. H. Weyl (*op. cit.*, p. 68) où la méduse vivante est citée comme un exemple particulièrement remarquable de symétrie.

39. « *La subtilité consiste à voir 10 possibilités où la non subtilité en verra 3. Elle est un grossissement.* » (*C*, XII, 403). Le problème des degrés de symétrie est explicitement lié à celui des « Nombres plus subtils ». L'idée est de chercher la symétrie à une autre échelle, dans un autre ordre de grandeur.

40. Cf. *C*, X, 226 : « *L'art doit bien imiter la nature non dans sa figure mais dans son procédé de génération.* »

41. Ses résultats donnent à peu près le tableau actuel des groupes finis possibles de rotations propres et impropres dans deux dimensions (H. Weyl, *op. cit.*, p. 71).

42. Au sens de la *Consistency* de Poe (*Œ*, I, 857).

43. Cf. *C*, XVII, 68 : « *La* Symétrie *de la "forme" et du fond* [...] *est réciproque, simultanée* [...] *dans l'ordre esthétique, par définition.* »

44. Valéry évoque (*C*, IV, 489) le « *problème d'Eupalinos* » et ajoute (490) : « *Ma théorie des développements harmoniques dans chaque sens. Section d'or. Ajouter aux combinaisons réelles. Excursions. Exploitation des propriétés du système nerveux séparé. Musique.* »

74

45. Voir *C*, XXII, 489. Valéry illustre parfois par des dessins de polyèdres l'idée de relations des états psychologiques (*C*, I, 379).

46. Valéry écrit à propos de Descartes : « *Un esprit entièrement* relié *serait bien, vers cette limite, un esprit infiniment* libre, *puisque la liberté n'est en somme que l'usage du possible.* » (*Œ*, I, 791). Cf. *C*, I, 394-5.

47. Seul le créateur cependant approche au plus près de la perfection, d'où le thème des regrets de Socrate. Valéry fait allusion, dans les brouillons d'« Eupalinos », à la *Métaphysique* d'Aristote (θ 8) : « *Il est impossible d'être architecte, sans avoir rien construit, ou joueur de cithare, sans avoir joué de la cithare, car celui qui apprend à jouer de la cithare apprend à jouer de la cithare en jouant de la cithare.* »

3

LE CHANT ET L'ÉTAT CHANTANT
CHEZ VALÉRY

par JUDITH ROBINSON-VALÉRY

Pour étudier un écrivain [*écrit Valéry dans les* Cahiers] la première chose à faire est d'étudier son vocabulaire — (en soi et comparativement). On obtient ainsi des fréquences — dont la plus remarquable est la fréquence nulle. Tels mots n'y figurent jamais. Ensuite on observera les emplois des mots — et puis les formes et longueurs de phrases.

— Ces examens permettront de définir la particularité — de chaque écrivain — ses antipathies et ses attractions. Le vrai écrivain n'est pas égal. Il choisit ses mots non seulement par l'esprit, c'est-à-dire par le besoin local et actuel de son objet — mais, en outre, par *l'âme*, c'est-à-dire par le plexus et le reste. (*C*, XIII, 38)

Un des mots du vocabulaire valéryen visiblement choisis moins par l'esprit que par « l'âme » telle qu'elle est définie dans ce passage, c'est-à-dire par ce qu'il y a de plus profondément enraciné dans la sensibilité et même dans le système nerveux, c'est le mot *chant*. Ce mot n'est pas de ceux qu'en termes absolus Valéry emploie le plus fréquemment, mais c'est sans aucun doute un de ceux auxquels — quand son « âme », comme il le dirait, le pousse à l'employer — il attache la plus forte charge émotive. C'est un de ces mots qui possèdent à ses yeux, pour reprendre une autre de ses expressions, plus de « valeur » que de « sens », comme il le dit à propos du « Cogito » de Descartes. Quand il évoque le chant, c'est donc son cœur plus que son intellect qui parle, et qui parle toujours pour exprimer une réaction particulièrement intense.

Écoutons d'abord quelques-unes de ces évocations, toutes exprimées dans une prose d'une richesse admirable, en concentrant notre attention sur l'extraordinaire diversité des choses que Valéry imagine comme « chantantes ».

Parfois, pour lui, la *nature tout entière* chante, surtout à ce moment béni de la journée qu'il préférait à tous les autres, l'aurore :

> À l'aurore. Ce cyprès *offre*. Cette maison dorée apparaît — que *fait*-elle ? Elle se CONSTRUIT à *chaque instant*. Ces monts se soulèvent et ces arbres semblent offrir et attendre. Sous la lumière naissante, tout chante et les choses divisées de l'ombre désignant la direction du soleil sont unisson.   (*C*, XII, 189)

Ou encore :

> Quoi de plus « auguste » que l'immobilité des feuilles de l'arbuste, au matin calme, quand elles semblent écouter le chant de lumière du soleil s'élevant ?...   (*C*, XVII, 475)

Ou bien encore :

> Matin à Guéthary — Chant des coqs —
> Bien-être — dans le seul, le frais-tiède, le bleu-noir fondant, à grosses étoiles rares et mûres —
> Il y a un chant silencieux dans cet instant.   (*C*, XIII, 198)

Un « *chant silencieux* » : merveilleuse expression qui nous rappelle que le « chant » peut exister en dehors de tout son proféré, comme dans les moments suprêmes de l'amour, qui sont, eux aussi, des « chants silencieux ». On se rappelle à cet égard les très belles phrases de « Lust IV » : « *Viens. Sois plus proche encore.* Écoute-moi car je me tais. *Je me tais de tout mon cœur (*Silence*) »* (*CPV2*, 73). Et aussi : « *Nous serions comme des dieux — des harmoniques intelligents, dans une correspondance directe de nos vies sensitives sans paroles...* » (82).

Il y a aussi des *moments* qui chantent, comme dans la scène du jardin de « "Mon Faust" », quand Faust dit à Lust :

> Ce moment est d'un si grand prix... Il me possède comme ces accords de sons qui vont plus loin que la limite du désir de l'ouïe, et

qui font tout l'être se fondre, se rendre à je ne sais quelle naissance de confusion bienheureuse de ses forces et de ses faiblesses. Toutes choses qui nous entourent chantent. Le plus beau de ce jour chante avant de mourir.

(*D* ; II, 319)

Et plus loin, la phrase qui résonne dans toutes nos mémoires : « *Seule, chante cette heure, la profusion du soir* » (320).

La même scène nous montre que les *êtres humains* peuvent « chanter » également, non pas forcément avec leur voix mais à travers une émanation mystérieuse de tout leur être. C'est ainsi que lorsque Faust déclare que « *le plus beau de ce jour chante avant de mourir* » (II, 319), Lust répond :

Mais c'est vous qui chantez, mon Maître... Vous paraissez un dieu, ce soir... Vous faites plus que vivre... Vous semblez être vous-même un de ces moments merveilleusement pleins de toutes les puissances qui s'opposent à la mort. Votre visage, à cette heure, est le plus beau de vos visages. Il propose à la riche lumière du couchant ce qu'elle peut éclairer de plus spirituel et de plus noble. Non, je ne vous avais jamais vu, puisque jamais je ne vous avais vu cette douceur superbe, et ce regard plus grand que ce qu'on voit... Est-ce que... vous n'allez pas mourir ? Vos yeux semblent contempler l'univers au moyen de ce petit jardin qu'ils considèrent, et qui leur est comme le petit caillou qu'un savant ramasse, et qui, dans le creux de sa main, lui parle d'une époque du monde.

(II, 319)

Mais les êtres humains peuvent aussi chanter dans le sens le plus littéral du terme, privilège qu'ils partagent avec les *oiseaux* :

Oiseaux chanteurs

L'oiseau crie ou chante ; et la voix semble être à l'oiseau d'une valeur assez différente de la valeur qu'elle a chez les autres bêtes criantes ou hurlantes.

L'oiseau seul et l'homme ont le chant.

Je ne veux seulement la mélodie, mais encore ce que la mélodie a de libre et qui dépasse le besoin.

Le cri des animaux est significatif ; il les décharge de je ne sais quel excès de peine ou de puissance, et rien de plus.

Le braiement de l'âne, le mugissement du taureau, l'aboi du chien, le cri du cerf qui rait ou brame, ils ne disent que leur état, leur faim, leur rut, leur mal, leur impatience. Ce sont des voix qui naissent de ce qui est ; nous les entendons aisément et possédons leurs pareilles.

Mais comme il s'élève et se joue dans l'espace, et a pouvoir de choisir *triplement* ses chemins, de tracer entre deux points une infinité de courbes ailées, et comme il prévoit de plus haut et vole où il veut, ainsi l'Oiseau, jusque dans sa voix, est plus libre de ce qui le touche.

Chant et mobilité, un peu moins étroitement ordonnés par la circonstance qu'ils ne le sont chez la plupart des vivants.   (II, 660)

L'arbre aussi « *chante comme l'oiseau* » (II, 659). Comme Lucrèce le dit à Tityre dans « Dialogue de l'arbre » : « *Au Hêtre solennel, tu prends de quoi chanter, les remous de sa forme et ses oiseaux sonores, son ombre qui t'accueille au cœur brûlant du jour, et tout favorisé des Muses, tu célèbres sur ton frêle roseau, les charmes du géant.* » (*D* ; II, 180).

Et plus loin :

[...] lorsqu'il te vient dans l'âme une ombre de chanson, un désir de créer qui te prend à la gorge, ne sens-tu pas ta voix s'enfler vers le son pur ? Ne sens-tu pas se fondre et sa vie et ton vœu, vers le son désiré dont l'onde te soulève ? Ah ! Tityre, une plante est un chant dont le rythme déploie une forme certaine, et dans l'espace expose un mystère du temps. Chaque jour, elle dresse un peu plus haut la charge de ses charpentes torses, et livre par milliers ses feuilles au soleil, chacune délirant à son poste dans l'air selon ce qui lui vient de brise et qu'elle croit son inspiration singulière et divine... (II, 193)

Il y a également, comme Valéry le dit à propos des paysages de Corot, « *des aspects, des formes, des moments du monde visible qui* chantent » (*PA* ; II, 1313), et il y a des *peintres* comme Corot qui savent « *tirer de l'Étendue transparente, de la Terre ondulée et doucement successive ou nettement accidentée, de l'Arbre, du Bosquet, des Fabriques et de toutes les heures de la Lumière, des "charmes" de plus en plus comparables à ceux de la musique même* » (1314).

Comme certains sons s'imposent brusquement au compositeur ou certains mots au poète, de même dans la peinture « *l'homme qui voit* [écrit Valéry] *se fait, se sent tout à coup âme qui chante ; et son état chantant lui engendre une soif de*

produire qui tend à soutenir et à perpétuer le don de l'instant.
Un transport naturel va de l'enthousiasme ou du ravissement
à la volonté de possession et pousse l'artiste à recréer la chose
aimée » (*PA* ; II, 1320).

Cependant, ajoute Valéry, « *on voit quantités d'admirables*
tableaux qui s'imposent par leurs perfections » (*PA* ; II, 1317) et
qui toutefois « *ne "chantent" pas* ». Ainsi, écrit-il dans un des
Cahiers, « *Velasquez parle admirablement, ne chante pas.*
Titien chante. Rembrandt aussi. Claude chante et ne parle
pas » (*C*, XV, 240). De même, en littérature, « *Corneille plaide,*
célèbre, fulmine, argumente. La Fontaine cause et chante.
Racine parle et chante » (VIII, 897).

Et, inutile de le rappeler, la même différence entre ce qui
« chante » et ce qui ne fait que « parler » existe aussi pour
Valéry en *architecture*. Comme Phèdre le fait remarquer à
Socrate dans « Eupalinos » : « [...] *n'as-tu pas observé, en te*
promenant dans cette ville, que d'entre les édifices dont elle
est peuplée, les uns sont muets ; *les autres* parlent ; *et d'autres*
enfin, qui sont les plus rares, chantent ? » (*D* ; II, 93) — comme
ce temple construit par Eupalinos en souvenir d'une « *fille de*
Corinthe [...] *heureusement aimée* » que Phèdre compare dans
une image exquise à « *quelque chant nuptial mêlé de flûtes* »
(92-3), ou encore comme ces colonnes dont l'élan harmonieux
vers le haut est assimilé par Valéry à un « cantique » :

> Nous chantons à la fois
> Que nous portons les cieux !
> Ô seule et sage voix
> Qui chantes pour les yeux !   (*Ch* ; I, 116)

En littérature, la *prose* aussi peut « chanter », bien qu'elle
ne le fasse pas toujours et qu'elle ne cherche pas toujours à le
faire. Mais il y avait chez Valéry, comme il l'avoue lui-même
en parlant de son « italianité », un besoin quasi inné de
« ligne de chant *dans la phrase* » (*C*, XVII, 721) qu'on sent très
nettement dans ses écrits en prose, non seulement dans ses
dialogues, qu'on évoque si souvent à ce propos, mais même

dans certains de ses passages les plus abstraits et les plus analytiques.

La *poésie* « chante » également, et c'est même une de ses définitions que de ne faire, si elle est vraiment réussie, *que* « chanter », sans « parler » jamais, comme aux yeux de Valéry Racine savait souvent le faire, et Mallarmé ou Verlaine presque toujours.

> La poésie [*écrit-il dans les* Cahiers] est — l'état *chantant* — (retentissant — résonnant — rebondissant) de la *fonction qui parle* et par conséquence, de *tout ce que l'homme a fait* entrer dans cette fonction = Tout devient
> État vibratoire du système des mots et dans lequel état ils se répondent — changent de valeur — [...]
> L'état vibrant chantant — comme si le dictionnaire interne, la table des signaux-en-puissance était... *tendue* et les liaisons avaient changé de tensions mutuelles.
> Son et sens en échange devenu réciproque, de valeur égale —
> et le rôle de l'*articulation* et des *accents* — qui tend à devenir de premier plan, valable pour elle-même — et formant lien, chaîne — —
> Cohérence autre — Transmission autre —
> *Réception — production —* devenues *symétriques.*   (*C*, XI, 744)

Pour Valéry, ce « chant » poétique, si proche de l'incantation, de « *ce qu'il y eut de plus puissant dans la poésie originelle :* la formule magique » (*V* ; I, 649), est par sa nature même obscur, impénétrable, comme le sont toutes les paroles incantatoires :

> Ce qui se chante ou s'articule aux instants les plus solennels ou les plus critiques de la vie ; ce qui sonne dans les liturgies ; ce qui se murmure ou se gémit dans les extrêmes de la passion ; ce qui calme un enfant ou un misérable ; ce qui atteste la vérité dans un serment, ce sont paroles qui ne se peuvent résoudre en idées claires, ni séparer, sans les rendre absurdes ou vaines, d'un certain ton et d'un certain mode. Dans toutes ces occasions, l'accent et l'allure de la *voix* l'emportent sur ce qu'elle éveille d'intelligible : ils s'adressent à notre vie plus qu'à notre esprit.   (I, 649-50)

En cela, la poésie en tant que « chant » mystérieux de la voix, ainsi que tout autre « état chantant » de l'être, quel qu'il soit, rappelle une autre voix et un autre chant, le chant « originel », pourrait-on dire, de toute l'histoire de la sensibilité valéryenne. On se rappelle le début du magnifique passage qui l'évoque dans les Cahiers :

À un certain âge tendre, j'ai peut-être entendu une voix, un contr'alto profondément émouvant...
Ce chant me dut mettre dans un état dont nul objet ne m'avait donné l'idée. Il a imprimé en moi la tension, l'attitude suprême qu'il demandait, sans donner un objet, une idée, une cause, (comme fait la musique). Et je l'ai pris sans le savoir pour mesure des états et j'ai tendu, toute ma vie, à faire, chercher, penser ce qui eût pu directement restituer en moi, nécessiter de moi — l'état correspondant à ce *chant de hasard* ; — la chose réelle, introduite, absolue dont le creux était, depuis l'enfance, préparé par ce chant — *oublié.* (*C*, IV, 587)

C'est certainement en partie la quête passionnée de ce chant suprême « oublié » et « perdu » qui a poussé Valéry à chercher dans *l'amour* ce qu'il appelle dans une formule inoubliable « *l'*état chantant total » (*C*, XXIV, 660), ou ce qu'il nomme ailleurs « *un état de choix, qui s'oppose au cycle vital, et qui soit le chant, l'hymne de la sensibilité célébrant, accomplissant le thème* "Une fois pour toutes, au-dessus de tout !" » (XXVI, 153).

Dans l'amour, donc, la sensibilité chante, le cœur chante, et le corps chante aussi — ou telle ou telle partie du corps qui en résume momentanément la totalité, comme cet étonnant « *chant des mains* » (*C*, XX, 710) dont il parle en évoquant les caresses amoureuses.

*

Qu'y a-t-il de commun entre tous ces emplois si variés du mot *chant* et des mots connexes *chanter* et *chantant* dans le vocabulaire valéryen ? Quand nous essayons de constituer le champ sémantique de cet ensemble de mots, nous nous apercevons tout de suite que le sens que Valéry leur attribue dans son esprit, et peut-être surtout dans son imagination, dépasse de loin leur signification purement musicale. Nous avons affaire ici à un vocabulaire beaucoup plus métaphorique que littéral, et à des connotations beaucoup plus qu'à des dénotations. Il en est peut-être de même de la plupart des termes musicaux employés par Valéry — le terme *harmonique*, par exemple, dont le sens littéral et technique, qui lui est parfaitement familier, se prolonge toujours dans son imagination par une sorte de profonde rêverie intime.

La première idée qui se trouve associée dans l'esprit de Valéry au mot *chant* est l'idée de mystère. Nous l'avons vu à propos du « chant » poétique comme à propos du chant de la voix de « contr'alto », mais nous en avons beaucoup d'autres indices, dont un des plus intéressants est le contexte général dans lequel Valéry situe le thème de la différence entre les édifices qui « chantent » et ceux qui ne font que « parler » dans « Eupalinos ». Les commentateurs du dialogue ont assez peu insisté sur un point cependant très frappant : c'est que ce qui fait que les édifices « chantent » n'y est défini avec précision nulle part : le seul type de définition qu'on en trouve, c'est justement combien il est difficile, sinon impossible, de les définir autrement que par des mots ou des propositions négatifs. En ce sens, le chant, comme le cri[1], appartient au domaine de l'indicible ; il est par sa nature même inaccessible au langage et à l'analyse, et échappe complètement à l'emprise de l'intellect pur. C'est ainsi que le caractère « chantant » du temple d'Eupalinos est indiqué ou évoqué beaucoup plus que défini par des expressions volontairement floues comme « *il est d'une grâce* INEXPLICABLE » (*D* ; II, 92) ou « *Il éveille* VAGUEMENT *un souvenir* QUI NE PEUT ARRIVER À SON TERME ; *et ce* COMMENCEMENT D'UNE IMAGE [...] *ne laisse pas de poindre l'âme et de la* CONFONDRE » (92-3). Un peu plus loin, Eupalinos déclare qu'il serait lui-même incapable de « PARLER CONVENABLEMENT » (93) des « SECRETS » que renferme ce temple « *chantant* », « TANT ILS SE DÉROBENT AU LANGAGE ». Ce sont, dit-il, des « MYSTÈRES » pour lui comme pour les autres, mystères qu'il oppose implicitement dans un long développement au langage « CLAIR » (93) et « NET » (95) des édifices

84

« *parlants* ». Ces « mystères » rappellent ceux d'un autre type de « chant », celui du langage incantatoire, dont Valéry déclare qu'il est mieux compris « *par les puissances et les ressorts de la vie, que par l'âme raisonnable* » (*V* ; I, 649), ajoutant que rien n'est plus antique ni d'ailleurs plus *naturel* « *que cette croyance dans la force propre de la parole, que l'on pensait agir bien moins par sa* VALEUR D'ÉCHANGE *que par je ne sais quelles résonances qu'elle devait exciter dans la substance des êtres* ».

La plus belle expression de ce thème du mystère inhérent au chant, tant pour celui qui chante que pour celui qui l'écoute, se trouve dans l'admirable passage des Cahiers qui commence :

Si un oiseau savait dire précisément ce qu'il chante, pourquoi il le chante, et *quoi*, en lui, chante, il ne chanterait pas.

Il crée dans l'espace un point où il est, il proclame sans le savoir qu'il joue son rôle. Il faut qu'il chante à telle heure. Personne ne sait ce qu'il ressent lui-même de son propre chant.   (*C*, V, 817)

Une légère modification de la première phrase si dense de ce passage nous montrerait tout ce qui rapproche le mystère du chant, dans l'esprit de Valéry, de celui des larmes ou des cris, car il aurait tout aussi bien pu écrire : « Si un être humain savait dire précisément ce qu'expriment ses pleurs (ou ses cris), pourquoi il pleure (ou crie), et *quoi*, en lui, pleure (ou crie), il ne pleurerait (ou ne crierait) pas ».

Cette énigme insondable que représente le chant est exprimée d'une façon saisissante dans un beau poème en prose des Cahiers sous le double sigle θ (impliquant qu'il s'agit pour Valéry d'un problème d'ordre proprement métaphysique) et *P.P.A.* :

J'écoute l'oiseau invisible dans la structure dorée, sombre, immobile de ce que je vois du parc.

J'écoute, j'écoute et ce que j'écoute — une fois dépassée l'idée du chant d'oiseau, — et les comparaisons etc.

et tout ce qui voudrait se substituer, aller outre, —

et je ne trouve que l'inexplicable en soi, le bruit, la sensation impénétrable... comme une couleur

Langage — État —

(*C*, XI, 662)

Mais si le chant est mystère, il est presque toujours, par contre, bonheur — ou, quand il est triste (comme il l'est dans certains textes valéryens[2]), espoir et attente de bonheur, comme le chant pathétique de l'Ange « *las de l'éternel* »[3] qui éprouve le « *désespoir de n'être qu'une pensée* » et qui appelle de toute sa ferveur la femme dont l'amour lui permettra enfin de « *s'incarner* » et de « *s'humaniser* ». À la différence des larmes et des cris, qui impliquent nécessairement une tension, le chant, pour Valéry, est *dé*tente, dans le sens le plus littéral du terme, c'est-à-dire relâchement de ce qui est tendu, relâchement de toute tension physique, mentale, affective et nerveuse. Ce qui ne signifie pas une absence d'intensité — au contraire, comme on le voit, par exemple, dans le chant de mort d'Isolde qu'il aimait tant — mais l'intensité chez lui peut être, pour ainsi dire, négative ou positive, et dans le cas du chant c'est son côté positif qui l'emporte, comme le montre la merveilleuse ébauche, restée jusqu'ici inédite, d'un poème qu'il pensait écrire en 1918 sur le chant du rossignol :

Le Rossignol   ivre
éperduement — comme s'il n'avait qu'un instant à
        vivre / s'il n'eût qu'un soir à vivre / et qu'il
        faille dans ce rien..
mais indéfiniment - comme si c'était inépuisable
    et le temps infini
        sottement,
    et
        merveilleusement sa petitesse de diamant
        Chante
    au plus haut de l'arbre, au plus haut de l'oreille /
    ouïe / humaine, au plus pur de la nuit, au plus
    profond de l'âme, à l'astre, au souvenir,
        La peur de vivre, la peur de ne plus vivre.
    Comme la lune ne parle pas, — ni l'arbre, — ni toute
    la campagne cachée, il faut bien que ce petit corps
    insolent jette l'invective dorée / argentée / à qui
    l'a produit — tandis que le reste des vivants
    ronfle, ou murmure — sous soi
Le Rossignol éperduement

comme s'il n'eût qu'une heure à vivre
chante mais chante indéfiniment inépuisablement
comme d'infini ivre[4]

Le chant, ici comme partout chez Valéry, est dépassement de toute parole et de formulation précise de la pensée. C'est le sentiment tout simple de la plénitude, alors que les larmes et les cris sont le sentiment du vide ou du manque. Plénitude de la scène du jardin dans « "Mon Faust" », plénitude de « *l'*état chantant total » (*C*, XXIV, 660) de l'amour, plénitude de la vie. Même si le chant est évoqué, comme dans « "Mon Faust" », comme une sorte de chant du cygne, il est essentiellement *pour* la vie et *contre* la mort : « *Vous paraissez un dieu, ce soir... Vous faites plus que vivre... Vous semblez être vous-même un de ces moments merveilleusement pleins de toutes les puissances qui s'opposent à la mort* » (*D* ; II, 319).

Comment le chant peut-il s'opposer à la mort ? Par son affirmation d'abord, car tout chant affirme, et ensuite par son aspiration, qui est sans limites, et qui tire tout l'être vers le haut, dans un immense élan qui est le contraire même du mouvement de chute de l'entropie. C'est là le sens le plus profond du rossignol qui chante « AU PLUS HAUT *de l'arbre,* AU PLUS HAUT *de l'oreille / ouïe / humaine* », et qui refuse de *cesser* de chanter :

Le Rossignol éperduement
comme s'il n'eût qu'une heure à vivre
chante mais chante INDÉFINIMENT INÉPUISABLEMENT
comme d'infini ivre

C'est aussi la raison pour laquelle le chant est si souvent lié dans les textes de Valéry à l'image de l'arbre, symbole même de la croissance verticale de la nég-entropie : « *Chanter est donner à la voix* [écrit-il dans une phrase riche de sens] *la* forme *d'une plante croissante — ou de l'activité d'un oiseau dans l'espace* » (*C*, XIX, 208).

L'« *activité d'un oiseau dans l'espace* » : c'est-à-dire non seulement l'élan, l'envol, l'essor, mais aussi la liberté, comme le

« chant d'Orphée » de Valéry amoureux est pour lui « *l'opération qui consiste à tirer de [s]a douleur un chant magnifique* » (*C*, VIII, 41), de « *remonter des enfers* », porté par les ailes et les ondes de sa propre voix, de cet « *état* [...] *fait uniquement d'énergie pure, libre, à haute puissance, ductile* ».

Le chant est en plus cette chose mystérieuse, si difficile à définir mais si facile à sentir, que nous appelons l'harmonie, état « musical » de tout l'être qui le met dans une sorte d'état de grâce où tout est résonance et accord : « *Ce moment est d'un si grand prix... Il me possède comme ces accords de sons qui vont plus loin que la limite du désir de l'ouïe* [...] » (*MF, D* ; II, 319). « Chanter » dans n'importe quel domaine, comme Valéry l'écrit à propos de la peinture, « *c'est instituer un "monde" — c'est faire produire un univers (de relations) tel que chanter y est la température normale* » (*C*, XV, 240), univers de relations qui devient dans le « chant » poétique, comme nous l'avons vu, un « *état vibratoire du système des mots* » (XI, 744) dans lequel ils « *se répondent — changent de valeur* », et se transforment en ces « harmoniques » qui étaient pour Valéry le signe même du bonheur.

Qui dit harmonie et harmoniques dit également unité et unisson (unité et unisson de soi et du monde, de soi et de l'autre, et de tous les éléments différents dont on est soi-même composé). C'est pourquoi l'amour, qui est unité, est en même temps chant ; c'est aussi pourquoi à l'aube, « *sous la lumière naissante, tout chante et les choses divisées de l'ombre désignant la direction du soleil sont* UNISSON » (*C*, XII, 189). Cet unisson présuppose l'élimination comme spontanée de tout désaccord, ce qui explique la sensation éprouvée par Faust dans la scène du jardin de « *je ne sais quelle naissance de confusion bienheureuse de [s]es forces et de [s]es faiblesses* » (*D* ; II, 319). L'état « chantant » est incompatible avec la notion de distinction ou d'opposition ; c'est la synthèse absolue, qui est en même temps le rassemblement de tout en un seul point du temps et de l'espace. Quand l'être tout entier de Faust se met à « chanter » dans la scène du jardin, ses yeux, dit Lust, « *semblent contempler l'univers au moyen de ce petit jardin qu'ils considèrent, et qui leur est comme le petit caillou qu'un savant ramasse, et qui, dans le creux de sa main, lui parle d'une époque du monde* ». Expérience proprement mystique, qui est inséparable chez Valéry de l'état « chantant », et qui rappelle les vers justement célèbres de William Blake :

> To see a World in a Grain of Sand
> And a Heaven in a Wild Flower,
> Hold Infinity in the palm of your hand
> And Eternity in an hour.[5]

Quand tout se concentre ainsi en un seul instant et un seul lieu, quand tout entre si merveilleusement en harmonie, ce qui prédomine est une impression étonnante de *simplicité*. C'est cette simplicité suprême, celle à laquelle on n'atteint que par la voie du plus profond dépouillement intérieur, qui rayonne à travers tous les textes de Valéry sur le chant et l'état chantant. Quand Faust dit à Lust : « *Seule, chante cette heure, la profusion du soir* » (*D* ; II, 320), la phrase est toute simple, comme la sensation qui l'inspire, mais c'est une simplicité qui marque un point d'aboutissement et non pas un point de départ, une simplicité qui est le résultat final d'un très long apprentissage de soi-même et de la vie. Simplicité, donc, qui n'a absolument rien de naïf et surtout absolument rien de pauvre, qui est riche, au contraire, de l'expérience accumulée de toutes sortes de complexités jugées désormais superflues. Simplicité de la sagesse qui, sans nier l'intellect, le dépasse pour aller au-delà.

Cette sagesse est toujours inséparable dans l'esprit de Valéry d'un certain sentiment d'abandon, situé aux antipodes de ce Valéry crispé, tendu qui, au début et au milieu de sa vie, rêvait encore d'une domination parfaite et absolue de lui-même par lui-même. L'état chantant est tout à l'opposé de cette tension, de cette volonté crispée : c'est l'acceptation toute simple de soi — de son corps, des profondeurs, des « entrailles » duquel le chant monte toujours[6], de sa sensibilité, de son rapport naturel et comme élémentaire avec toutes choses. C'est la sensation pleine et riche de soi, mais de soi vécu de l'intérieur, sans aucun passage par l'intellect, et sans aucun regard critique, analytique, scrutateur de l'esprit. Au moment même où il se met à « chanter », et Lust avec lui, Faust se rend compte dans un passage qui est, lui aussi, un chant pur qu'il est « *au comble de* [*s*]*on art* », qu'il « *vi*[*t*] » et « *ne fai*[*t*] *que vivre* » (*D* ; II, 321), comme le fait tout être — homme ou oiseau — qui chante.

Et, chose frappante, quand on se laisse aller ainsi à sa propre nature, comme Valéry l'a découvert à l'époque où il écrivait « "Mon Faust" », quand on s'accepte tel qu'on est, non seulement avec toutes ses forces mais aussi avec toutes ses faiblesses, on constate, non sans étonnement, qu'il existe en soi on ne sait quelle mystérieuse étincelle, on ne sait quelle possibilité de dépassement de ses limites ordinaires, que Valéry appelle souvent, en parlant du chant, « divine ». « *Nous serions* COMME DES DIEUX », écrit-il dans « Lust IV » (*CPV2*, 82). « *Mais c'est vous qui chantez, mon Maître...* [dit Lust à Faust] *Vous paraissez un* DIEU, *ce soir...* » (*D* ; II, 319).

C'est ce que Valéry avait déjà dit en d'autres termes dans un des plus beaux textes qu'il ait jamais consacrés au chant, texte de jeunesse dont le premier paragraphe résume en une seule envolée splendide toutes les résonances que le thème — ou ne devrait-on pas dire plutôt le mythe ? — du chant allait éveiller en lui par la suite :

Une voix est cimes de fleuves, pics et gouffres — non sans nuées et vertiges — comme d'un être bien plus beau que toi-même. Mue à travers l'océan le plus léger, par un esprit sans cesse futur, elle naît pour pouvoir naître encore, chaque fois vierge qui se joue avec les débris flottants et fluides d'elle-même. Ce chant est une foudre continue, une aile d'exception qui dure longtemps aujourd'hui. Oh ! quels yeux faut-il pour vociférer si vastement, si haut ! quelle figure ayant tout vu ! J'imagine dans le plus lumineux regard divin, le jet d'un torse chanteur, buvant et respirant le Monde, un ange !...[7]

1. Sur les ressemblances, et aussi les dissemblances, entre le chant et le cri, voir mon étude : «Les Cris refoulés de la Jeune Parque : le rôle de l'auto-censure dans l'écriture», pp. 411–32 in *Baudelaire, Mallarmé, Valéry : New Essays in Honour of Lloyd Austin* (Cambridge University Press, 1982).

2. Comme, par exemple, dans un des brouillons du finale du «*Narcisse*» où, après la tombée de la nuit, le chant d'un oiseau, «*libre d'abord*», devient ensuite «*terriblement mécanique — aride, triste comme la vie*» («Notes sur le thème de Narcisse», f. 159 [Fonds Valéry de la Bibliothèque Nationale]). Dans un autre texte, qui figure dans les Cahiers, Valéry évoque un chant encore plus déchirant, celui des *saetas*, chants religieux espagnols où résonne ce qu'il appelle dans une formule frappante «*la détresse à l'état pur, l'être perdu*» (*C*, XVI, 360).

3. Voir «L'Ange et l'amour», ébauche inédite d'une œuvre projetée de Valéry commencée en 1924 (Fonds Valéry, B.N.).

4. Cahier *P.V. 1918* (Fonds Valéry, B.N.). (Les barres obliques indiquent une hésitation de Valéry entre deux mots ou expressions.)

5. «*Auguries of Innocence*».

6. Voir *C*, VIII, 41 : «*... le chant, [...] voix rattachée aux entrailles, aux regards, au cœur, et ce sont ces attaches qui lui donnent ses pouvoirs et son sens [...]*. »

7. «Thème romantique», «Proses anciennes» (Fonds Valéry, B.N.). Ce texte, inédit à l'époque où nous l'avons cité ici, a été publié depuis dans *Une Chambre conjecturale, Poèmes ou proses de jeunesse par Paul Valéry*, textes réunis par Agathe Rouart-Valéry (Montpellier, Fata Morgana, 1981).

4

ÉROS ET WAGNER
LA FIGURE VALÉRYENNE DE LA WALKYRIE

par NED BASTET

«*L* *ES deux ennemis de l'homme : la femme et la musique*»
(*C*, VI, 575) avait écrit Valéry au temps du grand refus. Il
importait suprêmement alors de couper court aux résonances
émotionnelles, aux contaminations d'images, aux affects péril-
leux de toutes les puissances irrationnelles dont l'adolescence
valéryenne n'avait que trop connu la fascination, pour sauver
avant tout la netteté de l'intellect. C'est le même interdit qui
pèsera, des années durant, sur la musique de Wagner dont il
s'agit alors de réduire la puissance à quelque jeu de prestiges,
sinon de « *trucs* » (*C*, II, 187) et sur les égarements de l'Éros, la
magie noire de la Femme. L'œuvre ne sacrifie plus alors
qu'aux héros masculins de l'Intellect et de l'Acte, Teste ou
Léonard, Napoléon ou Descartes. Mais c'est au cœur justement de cet imaginaire de l'intellect que l'on voit progressivement se réintroduire les affects démobilisés et se reconstituer les structures qu'il avait voulu et cru déconstruire,
retrouvant jusque dans les schémas abstraits de la Pensée ces
énergies de l'Éros et de la Musique qui avaient été mises hors
la loi. Aucune figure plus que celle de la Walkyrie n'illustrera
dans son évolution ce réinvestissement insidieux du champ de
la pensée par les troubles émergences de l'affect. Saluée
d'abord comme l'arme étincelante de l'Intellect et la figure de
quelque *amor intellectualis*, la Walkyrie finira par introduire

au domaine interdit des fantasmes, à la source des larmes, au sentiment pathétique et tout-puissant de l'être-là. Et la Musique soutiendra ici l'emprise croissante du Mythe : elle ébranle une sensibilité, réveille une attente, cependant que la Figure permet de dire sous le masque ce qui se balbutie dans l'indistinct. Il faut prêter attention d'abord à cette féminisation secrète de l'image du travail mental. Le jeu même du langage et son clair-obscur complice, le dessin des images ambiguës ramènent peu à peu dans le discours valéryen ce qu'on pourrait appeler le corps de l'idée et ce féminin qu'il avait cru exclure.

S'il est vrai que « *les beaux visages de femmes ont la valeur, la splendeur fermée des abstractions* » (*C*, V, 92) et qu'ils « *représentent* naturellement *les Idées, les Déesses du langage* », l'inverse ne l'est pas moins : tout naturellement chez Valéry Idées et abstractions tendront à revêtir la « *splendeur fermée* » du visage des femmes et la plénitude charnelle d'un corps.

L'*energeia* de l'Éros qui, au moment des grands projets poétiques de jeunesse[1], avait effleuré dans une sorte de flottement voluptueux mais indécis, la figure d'une Féminité qui ne soit pas encore tout à fait une femme, va investir insidieusement en retour l'être même de la Pensée. L'Intellect se découvre lentement comme principe féminin, il n'est pas jusqu'aux catégories grammaticales subverties qui ne disent ce statut féminisé de la conscience : « *Harmonieuse MOI* » (*JP* ; I, 99). Et quant au *elle*, qui, se substituant dans le texte définitif au *il* qui désignait dans les brouillons de « Note et digression » l'acte du Moi pur refusant toute qualification, peut-être convient-il d'y voir, plutôt que, comme d'autres critiques[2], le substitut de ce neutre que le français ne permet pas et l'indice d'un maximum de désindividuation, l'émergence, dans le désert abstrait du texte, de l'image frissonnante d'une *Derelita* ? « *Cet orgueil* [dit-il] [...] *l'abandonne, étonnée, nue, infiniment simple sur le pôle de ses trésors.* » (I, 1230). Faut-il y reconnaître comme en transparence poétique (mais les transpositions que Valéry avoue en clair, nous le verrons, sont non moins surprenantes parfois) l'image qui lui fut chère dès la jeunesse et la lecture du roman d'Apulée, cette figure de Psyché abandonnée au désert ? « Éros et Psyché », c'est sous ce titre par exemple que paraîtra un jour une étude toute abstraite sur le mécanisme de l'attention[3]. Et, sous le sommeil d'« Agathe » (II, 1388) clos dans le cercle parfait de sa combinatoire, il faut soupçonner peut-être une autre endormie, la présence obsédante de l'imaginaire valéryen, la Brunhilde du troisième Acte de *La Walkyrie*, séparée du reste du monde par le cercle de feu, en attente d'un réveil parmi les vivants.

La Walkyrie : dès la première audition de l'œuvre de Wagner à Montélimar en 1891, la figure de la fille de Wotan va s'imposer à l'imagination valéryenne comme l'archétype de la Pensée créatrice dans sa relation à son origine invisible. Non plus seulement le face à face spéculaire de Narcisse, mais Parole articulée et définie (lors même qu'elle reste intérieure), Corps visible de la Pensée infiniment docile et ductile à sa source, perçue comme perpétuellement engendrée, visage où le « Je me parle », « Je me pense », prend la plénitude de son acte générateur, sa véritable relation duelle, son incarnation. Cette figure s'introduit d'abord sous le couvert plus allégorique de l'Athéna sortie d'un « *front souverain* » qu'elle blesse d'une « *lumineuse rupture* » (« *Les Grenades* », Ch ; I, 146) :

Athéna — grande fille du dieu
pas de termes, de noms propres
Mais faire *voir* cette créature créatrice et la *sensibilité* du comprendre, du raisonner et du faire.   (*C*, XIV, 208)

Puissance qui passe à l'acte, manifestations de soi-même, qui permet de communier mais sans cesser de se posséder, d'affirmer le trop plein d'un inarticulé intérieur — et qui cherche la seule écoute qui en soit capable — Athéna-pensée mais aussi Athéna-poème et auditrice de ce même poème. C'est ce que dit l'ébauche d'« *Ovide au milieu des Barbares* », souffrance et désir d'une Voix qui cherche à s'entendre comme d'une Pensée qui veut se voir ; corporification de la pensée dans le corps séduisant-séducteur du poème :

> Communion mais possession de soi
> Et personne à qui le dire [...]
> Zeus — la pensée « créatrice ».
> Le poème en puissance doit passer en acte.
> Ce mouvement est le sujet du poème.   (BN Mss)

Mais de l'Athêna-Pensée à la fille de Wotan, il y a toute la distance de l'abstraction du mythe au corps profond, actuel de la musique, car c'est au corps que la Musique d'abord s'adresse et ce qu'elle communique n'est pas la simplicité d'une image mais le ressentiment direct d'une force en acte, d'une *energeia* qui impose son autorité jusque dans la mimique musculaire du corps.

C'est d'abord comme Volonté qu'est ressentie par Valéry la musique de Wagner, non plus au sens schopenhauérien qu'il donnait au mot dans sa jeunesse mais comme la dynamique en acte du corps entier : « *Chez Wagner, la Volonté est au premier plan. | C'est elle tout le Drame* » (*C*, XXVII, 732). Et la volonté, c'est d'abord chez Valéry l'affirmation du Moi, de l'Ego comme centre, support, point de départ absolu de la Pensée, la « *magnificence génératrice* » (XXV, 191) entière des pouvoirs de l'esprit, l'affirmation héroïque du Moi pensant. Tels motifs plus particulièrement (cf. « Rythme et mimique. "Löge ! Hor !" » (XXII, 260)) résonneront tout au long de l'existence intellectuelle valéryenne comme incitateurs, excitants purs de l'énergie intérieure — au même titre que le « Cogito » cartésien, rameutant les ressources du Moi (« Une Vue de Descartes » ; I, 826) ou telle phrase de Poe et de Baudelaire[4], comme en dehors de toute signification — « *signal* [ajoutera-t-il] *qui excitait tout mon intellect comme* plus tard *le motif de Siegfried* ». Thème de Siegfried, thème de l'Épée, thème aussi du cri de la Walkyrie, cavalière et armée, sautant l'obstacle dans un rire de triomphe : autant de transpositions familières pour Valéry au registre des actes éclatants de la pensée et dont se retrouve l'écho dans le mythe de « Gladiator ».

Mais la Walkyrie ne dit pas seulement pour l'imaginaire valéryen le mouvement glorieux de la pensée. Elle dit surtout la plénitude et l'intimité de sa relation à celui qui l'engendre, qui s'y regarde et qui s'y veut, cette connivence du créateur avec sa création intérieure. Pensée du Père, elle en est plus encore le Vouloir, celle qui incarne docilement à chaque instant les mouvements de sa volition intellectuelle. Elle dit la profondeur d'intimité que trouve celui qui se parle à lui-même dans l'univers fermé de sa vie intérieure, dans ce long travail pour se faire, pour tirer de soi une réalité plus pure, plus dure, plus docile à son vœu essentiel où Valéry, durant ses années secrètes, avait choisi de s'enfermer.

BRUNHILDE — C'est au vouloir de Wotan que tu parles [...] Qui suis-je — sinon ton vouloir ?
WOTAN — [...] Qui es-tu, sinon l'aveugle agent de ma volonté ? [...] C'est avec moi seul que je délibère en m'adressant à toi.

(A. II, sc. 2 ; pp. 147, 165, 149[5])

et, au troisième Acte encore :

Nulle comme elle ne connaissait mes pensées les plus intimes [...] elle-même était le principe créateur de mon vœu.

(A. III, sc. 2 ; p. 253[5])

Le lien presque amoureux de la Pensée avec celui qui l'engendre a toujours trouvé en Valéry un écho singulier. Lucienne Cain a rappelé[6] avec quelle prédilection Valéry se plaisait à citer les vers wagnériens : « *Elle était mon désir sous sa forme sensible, / l'aspect que revêtait mon vouloir créateur.* »

S'enfermer en soi-même — jeter l'anathème sur tout ce qui risque de corrompre ce travail intérieur — n'est-ce pas instituer entre sa pensée et soi une relation nouvelle de jalousie possessive, de passion ? « Traduire » le lien ordinaire de l'amour entre deux êtres par le rapport secret qui se noue entre moi qui pense et cette pensée qui se forme du meilleur de ce moi, c'est ce que Valéry avoue lui-même comme « *transpositions in intell*[*ectu*] » :

Ange - Mes transpositions in intell[ectu]
Brunehilde
L'Ange — faire ange [...]
L'amour traduit.
En somme, j'ai ressenti (et essayé de préciser ce que je ressentais de 90 à 191.) — le désir de la perfection dans la possession des distinctions des possibles — le renoncement à ce qui trompe sur ce pouvoir — l'adieu à ou l'anathème sur — ce que l'esprit ne peut réduire [...]
(*C*, XIV, 695)

Si le drame de *La Walkyrie* est avant tout celui d'une mystérieuse trahison et la rupture d'une unité originelle, elle jouera sans doute, nous le verrons, à un tout autre plan de profondeur, aux sources mêmes de l'être-au-monde mais au départ, dans ce moment abrupt de l'intellectualisme valéryen, ce que dit son troisième Acte à Valéry, c'est la faute testienne des génies qui se sont fait connaître, c'est l'irruption de l'autrui dans ce qui n'existait que pour soi. Une douleur intellectuelle, la jalousie de l'esprit — qui peut aller aux bords des larmes : « *La première fois que j'ai entendu fin de Walkyrie au Cirque Anguez de Montelont Lamoureux j'étais si tendu vers les idées de l'Intellect que je traduisais tout cela en* sensib[ilité] Intellectuelle. / *Brunehilde ≡ une sorte de Minerve —* / *et j'aurais pleuré sur le destin de la Pensée — qui ayant livré à l'Homme les armes de l'esprit s'est condamnée elle-même.* » (*C*, XX, 444).

Mais cette Walkyrie — figure sensible de l'Intellect armé — va sortir enfin de cette gestation solitaire, s'éveiller de ce statut abstrait de reflet intérieur du mental — prendre corps — corps sensible et voluptueux du Poème. C'est l'heure de la « Jeune Parque », son « drame lyrique ». « *J'ai tant aimé la Walküre* » (*C*, XXVI, 706), dira-t-il plus tard en évoquant la genèse de la *Parque*. Il pourrait être tentant d'interroger ici ce poème — comme d'autres ont commencé à le faire[7], à la lumière de ce « *referred* » (VI, 508) que Valéry, parmi d'autres, a expressément relevé. Il faudrait reconnaître, sous l'apparente diction classique, « gluckiste » et racinienne, la circulation souterraine d'un certain nombre de thèmes ou de procédés wagnériens : recherche de la modulation continue à l'instar de la « mélodie continue », usage constant de l'équivalent poétique du leitmotiv dont il faudrait préciser la nature et l'usage, non point seulement récurrent mais harmoniquement diversifié et psychologiquement signifiant (comme, par exemple, cette première présentation, sombre et menaçante, de la mer au début du poème — qui se réintroduira au moment charnière, étale et miroir pur où semblent venir s'inverser les deux volants du diptyque, avant la reprise triomphante du thème marin dans le finale —, ou, mieux encore, cet art de faire surgir tel motif, le serpent par exemple, de l'agrégat progressif d'un certain nombre de ses éléments qui interviennent fragmentairement et se composent jusqu'à lui faire prendre corps).

Wagnérienne encore, l'intention de constituer ce « *monologue d'un état complet monologue-volume* »[8] où « *les changements d'état des personnages* » interviennent « *comme fonctions du flux d'énergie sonore qui leur est comme une sève* » ou « *un sang vivant* », où les temps aient une fonction fondamentale, où « *paysages* », « *réactions physiologiques* », gestes, états de conscience se combinent et se déduisent encore comme fonctions d'une variable dans un cycle énergétique continu.

Faut-il chercher plus avant des analogies ? Retrouver par exemple, au niveau très obscur d'un *gründ* commun mythique, les temps contrastés d'une destinée qui va d'une harmonie première avec le monde des dieux, sous le signe de l'unité, de la « docilité » (« *Poreuse à l'éternel qui me semblait m'enclore* » (*JP* ; I, 99) dira la Parque et encore « *Une avec le désir, je fus l'obéissance / Imminente...* » (100)), de la plénitude triomphale du geste — au temps du conflit, de l'arrachement et de la division, cette poignante incertitude, au cœur de l'une comme de l'autre, entre un monde ressenti comme absolu (« *Nulle jamais des dieux plus près aventurée...* » dit la Parque (107)) et cette condition humaine qui se découvre fragile, souffrante et menacée. S'il est évident que le Chant du Printemps au centre du Poème vient droit du premier Acte de *La Walkyrie*, on n'a point remarqué cette autre analogie, plus significative peut-être : au cœur du désarroi de la Parque comme de celui de la Walkyrie, c'est l'appel de l'enfant à naître, les « *chers fantômes naissants* » (103), et l'enfant Siegfried que Siegelinde porte en elle sans le savoir, qui fait basculer l'une (et l'autre peut-être), vers le monde de la pitié, de la « *poudre* » (104) et de la tendresse : l'univers des humains. Analogies hasardeuses, dira-t-on, si le finale de la *Parque* n'éclatait soudain, si proche par son organisation, sa rythmique les mots même parfois, de la fin de *Siegfried*, l'Éveil de Brunhilde qui, après une résistance qui fait songer au « malgré moi-même » du poème, puis dans un acquiescement joyeux, dit adieu à l'univers divin de son passé, s'offre au héros solaire, Siegfried conquérant, dans le rire des vagues — ces vagues que, dans un projet de jeunesse, Valéry associait aux Walkyries nageuses et chevaucheuses de la mer, figures éclatantes des « *amours néréennes* »[9]. Il suffit, face aux derniers vers de la *Parque*, de lire le dialogue final entre Brunhilde et Siegfried, pour voir se lever les analogies.

BRUNHILDE — Oh ! jeune héros, enfant magnifique !
[...]
En riant je t'adore,
En riant je m'aveugle.
[...]
Courons nous perdre au gouffre ouvert
[...]
Adieu, règne éblouissant des dieux !
Meurs en joie, ô pouvoir éternel !
[...]
Pour moi, l'étoile en feu de Siegfried luit [...]

SIEGFRIED — Rire, c'est là ce qui éveille ta joie !
Brunhilde vit, Brunhilde vit !
Gloire au jour qui, sur notre front, rayonne !
[...]
Debout ! Vivante !
[...]
Mon bien suprême seule et toute !
Flamme d'amour, joie de la mort ![10]

Ce sont ces accents et ces images que retrouve spontanément la *coda* de *La Jeune Parque* — finale artificiel pourtant et tard venu, on le sait, à cette place qui ouvre, avec une décision quelque peu théâtrale, à l'aventure du monde, au triomphe de la vie, un cercle qui n'avait longtemps songé qu'à se refermer sur lui-même, à revenir à sa nuit originelle. En réalité, l'aurore de la Parque importe moins que son sommeil. Et, bien plus que *Siegfried*, c'est le drame même, en ses données secrètes, de *La Walkyrie* qui a toujours constitué pour Valéry le *nexus harmonique* et émotionnel le plus lourd de ces résonances qui atteignent un être au point stratégique central — celui qui se dérobe ou que l'on dérobe aux regards.

Pensée du Père, Vouloir du Père en qui il a mis toutes ses complaisances — objet privilégié de la forme première de l'amour, celle qui attire irrésistiblement l'un vers l'autre deux êtres qui n'en firent à l'origine qu'un, non point dans le mythe théorique de l'androgyne platonicien, mais dans la substance même des corps — telle apparaît la figure trouble de la Walkyrie — et le sens voilé d'un drame qui, de bout en bout, se dit poème de l'inceste — inceste vécu ou inceste latent, dont les désignations étendent loin derrière une ombre portée et thème qui, plus que tout autre, aura mystérieusement travaillé l'imaginaire valéryen.

Non plus seulement ce retournement sur soi de l'activité mentale, ce mono-dialogue intérieur qui fait de toute pensée selon Valéry, une sorte d'« *inceste* »[11], mais, plus sourdement, l'étrange symbiose rêvée, fantasmatique où proximités charnelle et spirituelle confondent en secret ou métaphorisent leurs désirs.

Inceste explicite d'abord — mais l'évidence ici fait écran à une plus profonde rêverie —, celui qui réunit le frère et la sœur, Siegmund et Sieglinde, au premier Acte du drame, quand les deux enfants de Wotan, qui, du premier regard avertis d'une secrète connivence, scrutent avec une émotion qui croît l'attraction quasi magnétique qui les joint. Aveux d'une résonance étrangement valéryenne dans ce dialogue où le narcissisme de la voix, l'écho et le souvenir d'un même timbre, reprend et aggrave d'une charge émotionnelle dont nous découvrirons l'ébranlement chez Valéry, le narcissisme premier du regard, Narcisse spéculaire mais qui se serait, lui, enfin arraché à l'interdit du miroir :

SIEGLINDE — Dans le ruisseau, j'ai aperçu ma propre image
et voici que je la vois à nouveau
comme jadis elle émergeait de l'onde.
C'est toi à présent qui me renvoies mon image.
SIEGMUND — C'est toi qui es l'image
que je cachais en moi.
SIEGLINDE — Laisse-moi
prêter l'oreille à ta voix.
Il me semble que, tout enfant,
J'ai entendu son timbre [...]
Quand le bois me renvoyait
Le son de ma propre voix   (A. I, sc. 3 ; p. 103-4[5])

Nous retrouverons bientôt cette forme la plus mystérieuse de la mémoire : celle d'une voix originelle, oubliée, celle, plus précisément, d'un timbre propre qui reste associé à la substance primitive du Moi.

Mais, dans *La Walkyrie*, l'inceste fraternel ne fait que répercuter et recouvrir surtout le visage — plus grave dans sa pénombre — de la relation véritable, celle que révélera essentiellement le troisième Acte comme intimité à jamais perdue et tendresse par le Destin condamnée — cette séparation de Wotan et de Brunhilde, la scène des Adieux, le *Lebwhol* [*sic*], se plaît à redire Valéry — le lieu sans doute de toute la musique wagnérienne qui l'aura le plus profondément remué et dont il tentera de ressusciter l'émotion et jusqu'à la structure dramatique dans les œuvres ou les projets qui sont chez lui le moins loin de la confidence. Émotion qui sourd toujours sous la désignation pathétique de la perte, d'une unité rompue, à vrai dire la seule imaginable car elle recouvre la seule qui ait été réellement donnée et dont le manque laisse le moi dans l'absolu abandon — car le fantasme de l'inceste paternel recouvre à son tour, nous le verrons, le souvenir d'une communion plus originelle encore.

Tel quel, sous sa face à demi avouée, ce thème de l'inceste du père traverse l'œuvre valéryenne, s'introduit jusque dans les situations qui sembleraient *a priori* l'écarter. « *Début, petit matin, insomnie — inceste* » lit-on par exemple dans un des brouillons de « Stratonice »[12], tragédie cependant de l'amour non répondu. Il marquera nettement, dans le quatrième Acte de « Lust », la relation entre Faust et celle qui, sous toutes formes, dit : « *Je voudrais être votre fille, votre sœur, votre épouse* » ; « *mon père — Et Père, amant, maître, etc...* ». Et encore « *Ne suis-je pas ce que* tu veux ? »[13] où s'entend l'écho direct de la définition même de Brunhilde dans le drame wagnérien. Et ce nom, finalement choisi de *Lust*, s'il se réfère aussi, je pense, à *Tristan*, ne renverrait-il pas d'abord à l'adieu final de Wotan :

Toi que j'aime,
Toi, délectation riante de mon regard...
du lachende Lust meines Auges...   (A. III, sc. 3 ; p. 285[5])

« *Ô fille* [dira Faust] *Enfant de ce qui se faisait dans l'ombre de ma pensée, pensée lucide, tandis que je croyais penser toi, la force de penser* »[14]. Citons cette note encore du même dossier :

Lust (fille de Faust) — Toutes les profondeurs de l'amour.
Diff[érence] des êtres [images] leur nécessité.
Diff[érence] des sexes et leur conformité.
simil[itude] des sensibilités profondes.
diff[érence] des intellects
ce qu'il faut pour que soit l'être accompli
s'atteint par contraires.[13]

Relation fondamentale, que, dès le départ, Valéry a ressentie comme l'une des composantes essentielles de l'Éros. « *En amour* [dira-t-il] *l'homme est père ou fils* » (C, I, 205) et encore : « *Égarement de l'amour où l'homme, en proie à des cycles, dissous dans une profondeur fonctionnelle qui le néglige, en tant qu'individu,* [...] *ne sait plus si amant, père ou enfant, allaité, généré ou générateur* » (IV, 916). Fantasme de l'inceste qui semble tout naturellement s'entr'ouvrir au terme de cette démarche essentielle à la relation amoureuse, le sentiment panique d'une proximité, d'une limite de similitude qui se fond dans l'unité. Non point précisément cette similitude à atteindre par la rupture de la dissemblance structurelle de deux Moi, par l'effort contre nature pour atteindre un éclair commun où les individualités, se simplifiant à l'extrême, veulent nier à tout prix leur différence originelle : là est l'aspiration propre de l'Éros et, en ce cas, c'est *Tristan* qui donnera à Valéry les modèles rythmiques et dynamiques qu'il s'essaiera à transposer. Non point ici l'Éros mais ce que Valéry appelle la Tendresse et qui suppose, non plus la transgression des Moi et « *le grand envoi de l'être entier dans je ne sais quel abîme du Toi à venir* » (XVIII, 109), mais le dépouillement de tout ce qui a revêtu et dérobé, ce qui fut une unité d'abord donnée et dont le fantasme de l'inceste traduit et transpose la toujours latente proximité. Cette contiguïté de la Tendresse et de l'Inceste, le visage le plus vrai d'une Walkyrie qui serait infiniment plus que le reflet intellectuel du Père, se dit en clair dans un texte de ce Cahier « Rachel »[14] où s'exprime si souvent à nu l'intime de la sensibilité valéryenne :

Tendresse. Cette tendresse ne vient-elle pas sourdre au moment d'une sensation de similitude qui allait être trop aiguë. Adoucissement, fusion, larmes naissantes et autres liqueurs prélibatoires montent, viennent [...] Il se fait une transformation intime comme si une masse s'approchant trop de la terre, celle-ci en fut remuée intérieurement.
Complication. Dimension de plus.
Si l'on pût se faire une enfant qui fût vraiment *celle de soi, l'idée-fille* du Père, ne serait-elle pas nécessairement, un jour, la maîtresse du Père ?
Et si la femme rencontrée et aimée se trouve précisément (ou semble) celle dont on sent qu'on l'eût procréée et *créée* — cet amour ne serait-il pas le plus « profond » possible ?
Le Mythe Athéna et le mythe Brunehilde m'ont toujours *remué*. Mais ici l'intellect intervient.

Il manque encore à ce complexe d'émotions, un élément qui les joigne, qui les désigne dans leur qualité singulière, une vibration grave et tremblée, une vibration auditive que le Moi reconnaît soudain pour sa note profonde et substantielle, voix inarticulée, toute intérieure et de soi insaisissable comme à chacun de nous sans doute la qualité de sa voix si l'on n'en reconnaît l'écho, comme Sieglinde, dans la voix consonnante de l'Autre. Ce moment où se découvre le lieu originel de l'être est aussi celui où émerge le timbre irremplaçable d'une Voix : « *L'idée de l'inceste* [...] *la musique, le tremblement ému des mains qui enfin se joignent, se trouvent et qui donne par sa vibration trop troublée l'idée d'une note si grave, si profonde, d'un contralto émis à la fin de tout et au commencement des larmes* » (C, VI, 738-9). Non seulement, dans tous les êtres qui induisent le plus efficacement la rêverie valéryenne dans son écoute passive de ce qui parle indistinctement au-dehors et au-dedans, intervient presque toujours cette voix grave, « la voix des voix » comme la définissait Valéry dans des notes de jeunesse sur Mme de Rovera[15] dont la voix de contralto avait contribué sans doute à la fascination : ainsi, dans l'inarticulé de cette rêverie sur l'arbre, ce médium privilégié des « états de profondeur » : « *Arbre — l'arbre tient du rêve — C'est aussi un chant* [...] *voix grave* [...] »[16]. Mais le propre de cette voix, lors même qu'elle semble intervenir pour la première fois et du plus étranger, est d'être aussitôt *reconnue* et d'éveiller en celui qu'elle traverse, le sentiment singulier d'être « défini », nommé, restitué à sa situation véritable, réintroduit au lieu d'où il a été dérangé, rendu à l'unité par-delà une brisure. Dans le poème ébauché en 1924[17], l'Ange qui va, qui veut s'incarner et connaître la chaleur des vivants, lance son cri d'appel vers la Femme, comme les « *mânes impuissants* » (JP ; I, 104) jadis perçaient de « cris d'enfance » la Parque en désarroi — rapport inversé en apparence : ce que le cri aigu de l'enfant éveille dans le corps féminin, c'est la voix grave, la voix profonde de la réponse :

Celle qui entend le chant
Mais qui n'est point sûre...
Comme elle était à sa fenêtre — elle entendit avec terreur cette plainte inouïe.
Extase — Hypnose — A genoux.
Vibration de sa chair — les entrailles remuées.
Elle résonne tout entière à ce chant comme ayant reconnu ce qu'elle ne connaissait pas. Possédée par l'ouïe intérieure. Sûre, certaine, définie — Son histoire achevée. Peindre la traversée de cet être par cet événement.[17]

Voix et timbre qui définissent par l'attente qu'ils introduisent et le registre où ils situent aussitôt, le sentiment de l'être vrai et de la communion plénière. Ils constituent la basse continue, la trame sonore qui sous-tend tous les incidents de l'être, les remous, les discords, la variance de notre vie psychique. Il y a une sonorité du Moi — et où le Moi se reconnaît — un « moi milieu des sons » (C, XXIX, 548), un « ut plus près de moi qu'un autre ut ».

Là se cache, pour chacun, ce « poste stratégique » qui « parle » — et « qui occupe ce poste [ajoute Valéry] commande et nous en sommes l'esclave et la marionnette » (C, IX, 176) — là encore nos « transcendants » particuliers — point secret où nous-même n'avons pas directement accès mais dont nous reconnaissons les approches et qui, sitôt effleuré, « fait tout rejeter, annuler le jour, [...] en finir avec tous les développements — faire toucher à je ne sais quelles limites de l'être, faire voiler, fermer les yeux, faire percevoir avec une puissance insupportable le bavardage de tout, la vanité du réel » (X, 239). C'est un murmure continu dans la nuit de l'être, la « note harmonique de l'humain » (IV, 506) : « une note si grave, si profonde qu'elle semble toucher le centre de la vie. Cela fait vibrer très au fond, irrésistiblement, et tient à la joie ruisselante, à la douleur, à l'inconnu de l'être. Cela ne peut se classer sous aucune notion, cela vous possède et vous épuise et vous sentez que cela fait de vous ce qu'il veut. Pas de lutte possible. »

Étrangement — ou tout naturellement peut-être — c'est cette

note fondamentale à peine perçue mais présente toujours sous le discontinu de la trame psychique, qui va prêter son timbre et son corps à la présence, opposée et symétrique, de la conscience la plus rigoureusement désengagée de l'humain, à cette persistance du Moi Pur qui fait vibrer dans la « *nuit complète, nuit très avide* », « *un son grave et continu qui ne cesse jamais d'y résider, mais qui cesse à chaque instant d'être saisi* » (« Note et digression » ; I, 1228). Le refus central de la conscience parle ici de la même voix que le manque central de la substance vivante — mais n'en serait-il pas, en ce sens, la transposition et le corrélatif ?

L'un et l'autre ne tentent-ils pas de libérer le Moi de ce qui l'encombre, le revêt des strates successives de la vie, des expériences, des modalités indifférentes ou perturbatrices et de restituer une nudité absolue, un point initial ou terminal où apparaîtrait à vif, dans son « *innocence baptismale* »[18], le point dernier où nous nous réimpliquerions ?

Sans doute est-ce la démarche essentielle de ce que Valéry appelle la Tendresse et qui n'est rien que régression vers le plus démuni, le plus simple et le plus primitif du Moi.

Aussi bien serait-il trop long d'« étaler » entièrement ici, selon l'expression de Valéry à propos de Wagner, « *sur l'écran le spectre de l'extrême — ce grossissement de la sensation pure* » (C, VIII, 864) tout ce qui conflue en fait dans ce réflexe d'abandon, de démission du Moi. Quelques jalons suffiront sur ce chemin qui reconduit à une mystérieuse enfance et à l'émergence de sa Voix.

Au fond de ce sentiment d'abord la sensation panique de l'être comme abandonné, jeté dans l'existence séparée, le froid du dehors — « *le froid de ma peau, la* distance » (C, VI, 45) :

Au milieu de la nuit, du matin, de mon corps et de tant d'idées, je me sens tout à coup comme un petit enfant. Je ne puis presque supporter la sensation panique d'*Être*.
Car *Être*, Messieurs de l'École, ce n'est qu'une sensation qui est souvent je ne sais quel frisson sur les épaules, à entendre le vent vif et violent au dehors agir. (C, XXVII, 482)

Panique que porte sans doute à son paroxysme certaines heures du jour ou de l'an, ce « *cœur de la Nuit, point de la plus grande stupeur — faiblesse — nudité — effondrement du cœur* »[19], matin de « *tristesse sobre et transparente* », de froid aussi, où se conjuguent une « *fureur glacée d'extermination, d'exécution* » et « *le sentiment douloureux du cœur serré, de la tendresse à un point infiniment tendre* » (*C*, XII, 352) — « *temps aigu d'automne, état de tension et de délire émotif — tenerissimo — accutissimo ; point critique des larmes* » (XV, 291) ou cette « *ouverture de haute tristesse, tendresse par la terreur, affreux, délicieux de profondeur* [...] *sensation de l'être sans nom que l'on est "qu'évoque un texte d'*"Alphabet'» » (VIII, 547) — « *grand vent d'O*[uest] *avec rafales* »[20] — tout moment qui éveille dans la sensibilité valéryenne « *l'oppression* » (*DA* ; II, 183) de la perception d'une précarité absolue de l'être, « *le sentiment informe de n'avoir pas toujours été et de devoir cesser d'être* », « *je ne sais quel sentiment de vie comme chose faible, extraordinaire, impossible qui semble presque, (ce qu'elle est véritablement) à la fois tout et rien* » (*C*, XXIV, 466).

Là s'origine ce sentiment si spécifiquement valéryen d'un naufrage universel — ce réflexe d'homme à la mer qui s'accroche désespérément à tout « *épars flottant* » et qui donne son frémissement d'angoisse à la prise de l'amour où « *deux êtres* [...] *se serrent* [...] *l'un contre l'autre comme sur un radeau* » (*C*, VII, 775).

Il y a dans l'amour je ne sais quoi de fin du monde, un élément de désespoir presque infini, à l'état pur, et comme satisfait — regard de naufragé sur un radeau, débris stellaire, plus seuls étant unis à deux, qui s'étend à la noirceur du vide fermé, sur les confins de l'être, — et je reconnais à ce sentiment les amours les plus *profondes*.

(*C*, VII, 691)

Même sensation panique dans ce beau texte du Cahier « Rachel » :

Ep. (ωσ). Amants de Rachel [...] L'autre — très singulier. Semblait fou et enfant et transporté de tenir une *vie* — une vivante comme un oiseau saisi et chose sacrée. Il y avait du naufragé qui saisit un épars flottant. Il saisissait une semblable dans l'océan du Non-Soi. Se donnait la sensation illusoire de se cacher de la vie dans le sein de R. — Autruche. — Il plaçait l'émotion que je lui donnais entre la vie et lui ![14]

Naufrage cosmique, sensation d'une trahison de la vie même qui fait tous les vivants, jusqu'au plus humble, se blottir autour de ce peu de chaleur : « *Les animaux aussi se serrent dans l'abri en entendant la tempête* » (*C*, VIII, 547), « *la grande union, la grande conspiration des pauvres êtres vivants contre les dieux — Même le loup et l'agneau se serrent contre la méchante nature qui les a faits* » (X, 649). Et quelle source vraie de chaleur vers quoi se jette, hors du monde, la « confiance *infinie* » de la tendresse si ce n'est cette « mère intérieure » et ce qu'il appelle la « *fuite illusoire dans un sein* » (XXII, 201) ? « *Le premier objet dont tu acquis la science, ne fut-ce pas un sein ?* » (XX, 218). Ce que dit encore ce beau texte :

Par grand vent d'O[uest] avec rafales — l'être se sent — se ressent en triste et comme intense isolement.
Sentiment d'appartenir à ce que ce vent pourrait emporter. On voudrait se serrer contre une mère intérieure. Celle-ci est ce féminin de l'être, ce tendre et ce tiède idéaux, cette paix dans les larmes, cet adieu, cette détente, cette nuit sacrée, ce don du refuge que nous prêtons à ce que nous aimons le plus profondément, à la femme d'entre les femmes,
Celle aussi qui ne comprend pas   (*C*, VIII, 547)

« *Recevoir* [dira-t-il] *encore, cette chaleur obscure de l'âme,* / *Se réchauffer à cette vie qui ne brûle que pour vous* » (*C*, VII, 659).

Mais cette « *évasion dans la faiblesse, dans un évanouissement doux et insupportable presque* » (*C*, XXIV, 824), « *cet amollissement, cet adieu universel, ce retirement* [...], *cette démission, ce penchement, ce refus, cet état assez voisin du sommeil* » (VII, 837), qu'implique-t-il, sinon la volonté du Moi de « *se dépouiller de tout ce qui le revêtait* »[13] pour revenir au « *tout petit enfant qui est en chacun de nous* », au « *germe tout pur de vivre* », à « *la force et l'immense faiblesse d'un germe* »,

109

le « sans défense » absolu dont la fragilité se révèle toute-puissante car elle semble commander comme magiquement la protection, l'enveloppement, la restitution de l'unité et de la sécurité premières ? Au terme de cette réimplication (que la scène de la « *petite maison* »[21] n'a cessé de mimer), ce « *germe* » retrouvé, ce « *point ému* » recouvreraient la chaleur, la fusion originelle, le bonheur de son véritable lieu — mais réduit à la totale et simple vacuité de son écoute, il pourrait retrouver surtout le bonheur pur de la Voix perdue. Car, au terme de cette analyse des implications de la « tendresse » valéryenne, c'est à la Voix qu'il nous faut revenir. Ce contralto qui voilait tout à l'heure de son tremblement l'image et l'émoi de « l'inceste », surgit-il, comme le disait le texte cité, « à la fin du tout », ou, bien plutôt, à son commencement ? C'est ce que suggère ce beau texte énigmatique qui lie cet état de résonance et son attente toujours en éveil, cette forme latente d'un bonheur qui s'ajusterait exactement au creux du désir, au souvenir d'une Voix entendue dès l'origine mais d'une source laissée au loin et dans la nuit :

Thermométrie —
À un certain âge tendre, j'ai peut-être entendu une voix, un contr'alto profondément émouvant...
Ce chant me dut mettre dans un état dont nul objet ne m'avait donné l'idée. Il a imprimé en moi la tension, l'attitude suprême qu'il demandait, sans donner un objet, une idée, une cause, (comme fait la musique). Et je l'ai pris sans le savoir pour mesurer des états et j'ai tendu, toute ma vie, à faire, chercher, penser ce qui eût pu directement, restituer en moi, nécessiter de moi — l'état correspondant à *ce chant de hasard* ; — la chose réelle, introduite, absolue dont le creux, était, depuis l'enfance, préparé par ce chant — *oublié*.
Par accident, je suis peut-être gradué. J'ai l'idée d'un maximum d'origine cachée, qui attend toujours en moi —
Une voix qui touche aux larmes, aux entrailles ; qui tient lieu de catastrophes et de découvertes ; qui va presser sans obstacles les mamelles sacrées, ignobles de l'émotion bête [...] (*C*, IV, 587)

La vibration sensorielle qui donnera désormais mesure à toute chose, informera secrètement la dynamique du désir, étalonnera la déficience ou l'état consolé, sera donc essentiellement auditive et d'une qualité, d'une individualité absolues, l'unique clé qui ouvrira ou fermera les ressources de l'être, éveillera les harmoniques tout incommunicables — sonnera le vrai du Moi. Mais serait-ce « par accident », ainsi que le dit le texte, qu'une sensibilité pourrait se trouver ainsi définitivement « graduée » ? Voix de hasard, voix de rêve ou de rencontre ? Ou bien alors cette vibration perçue par l'enfant, dès la vie intra-utérine, de la voix maternelle ? Ce n'est qu'une hypothèse sans doute mais certains travaux[22] ont mis en évidence la perception par tout le corps de l'enfant, avant sa naissance de cette vibration de la voix maternelle, voix déformée, assourdie comme au travers d'une masse liquide mais suprêmement gratifiante, semble-t-il[23]. Hypothèse qui justifierait mieux sans doute qu'une simple écoute du hasard pareille profondeur de structuration d'une sensibilité.

Mais cette voix archétypale est en même temps voix perdue — elle est la voix même de la perte, elle ne ressuscite (lorsqu'on semble s'en rapprocher du moins) l'émotion d'une intimité absolue que pour dire l'impossibilité de la restituer dans sa plénitude. Elle fait résonner à l'ouïe intérieure la révolte, le scandale et la tristesse d'une rupture à l'origine — et d'une rupture irréparable. Elle porte en elle l'émotion fantasmatique de la figure de l'inceste et elle en dit en même temps l'impossibilité, projette sur un avenir illusoire et condamné un passé non point mythique mais enfoui dans le grand sommeil de la Terre Mère, de la Mémoire de ce qui fut : *Erda*.

Ce que dit le troisième Acte de *La Walkyrie*, par la voix des dieux, n'est-ce pas précisément la fatalité de ce destin, la nécessité de la perte, le fardeau de l'existence séparée ? La malédiction de Wotan, c'est d'avoir renoncé à l'amour pour vouloir-savoir-pouvoir. Au fond, c'est naître et ne rencontrer désormais que l'absolu d'une solitude que nul autrui ne peut combler : « *Alors* [dit le dieu] *je perdis ma joyeuse ardeur — le dieu aspira à savoir* » (A. II, sc. 2 ; p. 151).

> Ô détresse divine ! Ignominie monstrueuse !
> Jusqu'à la nausée, je ne trouve
> éternellement que moi seul !
> [...]
> Cet autre, je ne le vois jamais.   (p. 157⁵)

Solitude de Wotan à laquelle fait écho l'aveu valéryen, évoquant nostalgiquement « *l'état béatifique d'échange* » :

> Voici cinquante ans que je *tombe*
> Affreusement seul [...]
> Ô mon cœur, cette solitude qui parle !   (*C*, VIII, 373)

Ce troisième Acte de *La Walkyrie* sera avant tout pour Valéry la « *scène de Lebwohl* » [*sic*][13] qui, de toute l'œuvre wagnérienne et de l'art entier peut-être, nourrira continûment en lui l'émotion et l'admiration la plus haute : un seul flux mélodique, un cycle fermé qui module le champ entier des phrases, des résonances physiques, nerveuses, spirituelles de la Brisure substantielle qui a lézardé l'être humain et résume archétypalement en elle toutes les expériences subséquentes de la Perte, structure fondamentale qui va d'un pôle à l'autre de la sensibilité valéryenne, de la « *fureur glacée d'extermination* » (*C*, XII, 352), de la révolte sauvage, du refus, à la pitié, à la tendresse impuissante et à la larme. Cette modulation de « *type lebwohl* » [*sic*], comme il en désigne lui-même précisément la structure[13], c'est elle qu'il tentera de retrouver pour la conclusion de ses propres poèmes de la Perte ; derrière chaque figure de la communion impossible ou perdue, surgira l'ultime confrontation de Wotan et de Brunhilde et la courbe musicale qui la soutient et la résorbe :

> En t'enlevant ton essence divine !
> [...]
> Die Walkure, c'est un acte général

lit-on dans les Cahiers (XVII, 88) comme symbole de tout impossible arrachement. Séparation d'Orphée et Eurydice dans les ébauches de 1921[24], notes pour une fin du « *Narcisse* » (« *Remonter aux effets physiologiques. Narcisse. fin Walk*[*y-*

112

rie]. *Larmes sur* soi-même. *Sublime. prochain. proximité étranger* — *accords w*[*agnériens*] »[25]), ou encore scène finale de la tragédie de *Stratonice*. « *Adieux de Wotan* — *Seleucus à Stratonie*. *Adieux W*[agnérien ou wotanien ?] *à la reine* — *usque ad lacrymas* »[12] — et, à un moment du moins de ses métamorphoses[26], scène finale qui se dit « *pathétique* », « *adieux avec larmes* », de « Lust IV » qui, elle aussi, se référera explicitement au « *Lebwhol* » et à la « *pitié* » de Wotan[13]. Tous ces finales prétendaient à restituer, par les moyens littéraires propres, la même souveraine progression, cette « maximation », par résonance continue, d'une charge émotionnelle jusqu'au point critique où la larme seule, voilant l'insoutenable de la réalité, apporte une résolution libératoire : « *Assomption des larmes* — *Perfecta dolos ! Montée des larmes générales ! Renverse la tête... les idées roulent dans l'urne !!* »[27].

La larme seule et pour unique catharsis ? Un des aspects du génie wagnérien, de ce souverain « *manœuvrier* » (C, X, 702) de *l'energeia* interne, qui ont le plus frappé Valéry, c'est ce don, dira-t-il, de pouvoir « *ouvrir* » et « *fermer* » (XIV, 475), libérer une émotion latente, la porter à son apex et la conduire à sa résolution. Mais c'est qu'ici — et Valéry le savait bien, lui qui a tant envié le privilège de la musique — c'est la Musique même qui sert de « catharsis » à l'émotion substantielle qu'elle éveille. Ce qui dit la souffrance de la Musique intérieure perdue se fait Musique de la Perte, substitue au corps refusé, au timbre absent, la propre plénitude de son corps, ce corps musical qui, dira Valéry à propos de Wagner, baigne celui qui l'écoute comme du « *sang vivant d'un organisme* » (XXVII, 220), circule en lui tel un flux nourricier, l'enveloppe et l'absorbe, comble la déficience d'un corps séparé de sa propre magnificence organique et, dans le creux intérieur qu'a laissé le reflux de la Voix et du timbre accordé, semble déployer à nouveau la « *tension* » et l'« *attitude suprême* » (IV, 587) dont est resté au noir de l'être l'inadmissible souvenir.

SIGLES UTILISÉS

BN Mss   Manuscrits inédits conservés au Département des manuscrits de la Bibliothèque Nationale.

*

1. «*Lohengrin à l'Opéra*», «*Noces de Thulé*», etc. (BN Mss).
2. Par exemple, Nicole Celeyrette-Pietri dans sa thèse *Valéry et le Moi* (Paris, Klincksieck, 1979).
3. *La Revue française de l'Élite* (Paris, 17, avenue de l'Opéra), n° 10, p. 66.
4. «*Mais cette parole* [*de Poe*] *a eu la plus grande influence sur moi. Et celle-ci de Baudelaire, parlant du même Poe : "ce merveilleux cerveau toujours en éveil". Ceci agit comme un appel de cor, un signal qui excitait tout mon intellect comme plus tard le motif de Siegfried.*» (*C*, XXII, 489).
5. Richard WAGNER, *La Walkyrie* (Paris, Aubier-Flammarion, 1970).
6. Témoignage oral.
7. Par exemple, Hartmut KÖHLER, «Valéry et Wagner», in *Colloque Paul Valéry* (Université d'Édimbourg) (Paris, Nizet, 1978).
8. Cf. l'analyse de ce «*monologue-volume*» (*C*, XXI, 390).
9. Dossier des écrits de jeunesse (BN Mss).
10. Richard WAGNER, *Siegfried*.
11. «*La pensée-inceste*», lit-on par exemple dans des ébauches du poème «*Ovide au milieu des Barbares*».
12. Texte inédit. Dossier «Stratonice» (BN Mss).
13. Textes inédits de «Lust IV» (BN Mss).
14. Cahier inédit «Rachel» (BN Mss).
15. Notes de jeunesse sur Mme de R. (BN Mss).
16. Texte inédit (BN Mss).
17. Poème inédit, «*L'Ange et l'Amour*» (BN Mss).
18. Notes inédites du dossier «Solitaire» (BN Mss).
19. Notes inédites, «Peri tôn tou Theou» (BN Mss).
20. Dossier «Alphabet», inédit.
21. Cf. mon article «L'Enfant qui nous demeure», p. 93 in *Entretiens sur Paul Valéry* (Paris, P.U.F., 1972).
22. Ceux d'un médecin phonologue, le Dr Tomatis. Cf. son ouvrage, *L'Oreille et la langue* (Paris, Seuil, 1978).
23. Au point que l'on a cherché à reconstituer artificiellement cette voix pour soigner par son écoute répétée les perturbations psychologiques des nouveau-nés, des prématurés entre autres qui ont été privés pour une part de la caresse de l'enveloppement de cette musique intérieure.
24. Cahier «Orphée» (BN Mss).
25. Cahier «P.V. 1918» (BN Mss).
26. Cf. mon article sur «"Mon Faust"» : «Ulysse et la Sirène» (*CPV2*, 105).
27. Texte inédit, Bibliothèque Jacques Doucet, Vry ms 1916.

114

5

CONSTRUCTIONS VALÉRYENNES :
un motif dominant
du fragment xv de *La Jeune Parque*
(vv. 425–464)

par Jean-Pierre CHAUSSERIE-LAPRÉE

« En tant qu'écrivain,
je n'ai rêvé que constructions »
(*CI*, 285)

CETTE étude[1] se propose une double fin. Elle voudrait, tout
d'abord, illustrer d'un exemple suggestif l'aptitude de
Valéry à mettre en œuvre, par l'application de règles rigou-
reuses, de véritables complexes architecturaux qui confèrent
une structure très élaborée au passage où ils se déploient.

On espère, en outre, établir que ces constructions ont avec
le contenu du fragment un lien organique[2]. Entendez que,
dans le moment même où elles transposent un aspect essentiel
de l'écriture musicale, elles donnent du phénomène de l'endormissement, thème central du morceau, une traduction poétique d'une rare puissance.

*
* *

1 [425] Hier la chair profonde, hier, la chair maîtresse
2   M'a trahie... Oh! sans rêve, et sans une caresse!...
    Nul démon, nul parfum ne m'offrit le péril
    D'imaginaires bras mourant au col viril;
    Ni, par le Cygne-Dieu, de plumes offensée
[430] Sa brûlante blancheur n'effleura ma pensée...
    Il eût connu pourtant le plus tendre des nids!
    Car toute à la faveur de mes membres unis,
    Vierge, je fus dans l'ombre une adorable offrande...
    Mais le sommeil s'éprit d'une douceur si grande,
[435] Et nouée à moi-même au creux de mes cheveux,
    J'ai mollement perdu mon empire nerveux.
    Au milieu de mes bras, je me suis faite une autre...
    Qui s'aliène?... Qui s'envole?... Qui se vautre?...
    À quel détour caché, mon cœur s'est-il fondu?
[440] Quelle conque a redit le nom que j'ai perdu?
    Le sais-je, quel reflux traître m'a retirée
    De mon extrémité pure et prématurée,
19   Et m'a repris le sens de mon vaste soupir?
20   Comme l'oiseau se pose, il fallut m'assoupir.

DEUXIÈME MOUVEMENT

1 [445] Ce fut l'heure, peut-être, où la devineresse
2   Intérieure s'use et se désintéresse :
    Elle n'est plus la même... Une profonde enfant
    Des degrés inconnus vainement se défend,
    Et redemande au loin ses mains abandonnées.
[450] Il faut céder aux vœux des mortes couronnées
    Et prendre pour visage un souffle...
                         Doucement
    Me voici : mon front touche à ce consentement...
    Ce corps, je lui pardonne, et je goûte à la cendre.
    Je me remets entière au bonheur de descendre,
[455] Ouverte aux noirs témoins, les bras suppliciés,
    Entre des mots sans fin, sans moi, balbutiés.
    Dors, ma sagesse, dors. Forme-toi cette absence;
    Retourne dans le germe et la sombre innocence;
    Abandonne-toi vive aux serpents, aux trésors,
[460] Dors toujours! Descends, dors toujours! Descends, dors, dors!
    (La porte basse c'est une bague... où la gaze
    Passe... Tout meurt, tout rit dans la gorge qui jase...
19   *L'oiseau boit sur ta bouche et tu ne peux le voir...*
20   *Viens plus bas, parle bas... Le noir n'est pas si noir...)*

*

La relation du fragment XV au reste du poème et la position qu'il occupe dans ce dernier font de ces quarante vers l'un des moments importants de *La Jeune Parque.* Terme du second Acte qu'ils «*conclu[en]t sur une tonalité apaisée*»[3], ils précèdent et préparent le «finale». Mais ils nous renvoient en même temps aux premiers vers, à l'«ouverture» de l'œuvre, dont ils sont, pour ainsi dire le pendant ou l'image inversée. Là, l'éveil de la Parque[4] qui, par trois fois, s'interroge[5]; ici, sa descente au sommeil après une triple question[6]. Deux raisons suffisantes pour que ce morceau — où va se jouer, sous nos yeux, cet insensible envahissement du sommeil qui, toujours, «obséda» Valéry[7] — fît l'objet d'une composition attentive et soignée.

L'aspect le plus immédiatement saisissable en est le parfait équilibre interne du fragment. Celui-ci se divise en deux mouvements d'égale longueur (vv. 425–444; vv. 445–464) que *sépare* une «pause»[8] importante (le début du second répondant aux trois interrogations sur lesquelles s'achève le premier), mais qu'*unit* aussi, en leur point de rencontre, dans les vers 443 et 444 — l'un des plus beaux distiques de l'œuvre —, l'évocation du thème de l'endormissement («*Comme l'oiseau se pose, il fallut m'assoupir*» (v. 444)) qui formera seul le sujet du deuxième mouvement.

Un autre lien, non plus sémantique mais phonique, rapproche étroitement les deux ensembles de vingt vers ainsi constitués. Ce sont les rimes identiques ou comparables dont bénéficient respectivement l'attaque et le finale de chacun d'eux. À *maîtresse / caresse* des vers 1-2 (vv. 425-426) répond, au début du second mouvement, le couple *devineresse / se désintéresse*, cependant que la rime en *r soupir / m'assoupir* des vers 19-20 (443-444) se réentend — avec modulation vocalique — dans la rime terminale *voir / noir* (le mot *oiseau* étant, du reste, ici et là, associé à ces deux rimes) :

PREMIER MOUVEMENT		DEUXIÈME MOUVEMENT	
[425]	maî*tresse*	[445]	devine*resse*
[426]	ca*resse*	[446]	se désint*éresse*
[...]		[...]	
[443]	soupi*r*	[463]	voi*r*
[444]	m'assoupi*r*	[464]	noi*r*

Le découpage très marqué et le parallélisme sensible qui résultent de cette double correspondance ont valeur d'indice et de signal. Ils convient le lecteur, mis en éveil, à rechercher, d'un mouvement à l'autre, d'autres échos «construits», plus insistants encore et qui, sans se limiter aux seuls vers extrêmes de chacun d'eux, les affecteraient en profondeur, dans leur partie centrale, au cœur même de leur déroulement, donnant ainsi un sens plus riche et une dimension plus large au jeu de rappels qui dégage d'emblée la bipartition interne du fragment.

Qui interroge de la sorte le texte de Valéry ne tarde pas à percevoir un thème phonique dont l'ampleur (il se développe sur six vers) et le rayonnement (il revient, on le verra, à trois reprises) font de lui l'élément musical dominant de ces quarante vers. Il s'agit de l'ensemble que forment, à la rime des vers 429-430 et 433-434, les deux couples de mots à finale *e* (*offen*sée / *pen*sée) et ã (*off*rande / *g*rande), et les deux termes de la troisième mesure des vers 431-432 (*ten*dre / *mem*bres) qu'ils encadrent. Soit, en une suite de six vers, un motif sonore prolongé, associant à la tonalité *e* d'une première rime le timbre nasal ã de deux autres couples, affectés aux troisième et quatrième toniques de leurs vers respectifs. Or ce motif *e* - ã, qui se déploie du vers 429 jusqu'au milieu du premier mouvement (v. 434), va réapparaître, en trois rimes successives, aux vers correspondants du second (vv. 449-454) :

PREMIER MOUVEMENT		DEUXIÈME MOUVEMENT	
[429]	offen*sée*	[449]	abandon*nées*
[430]	pen*sée*	[450]	couron*nées*
[431]	*ten*dre	[451]	douce*ment*
[432]	*mem*bres	[452]	consente*ment*
[433]	off*rande*	[453]	*cendre*
[434]	*g*rande	[454]	des*cendre*

118

Parallélisme remarquable, certes, mais qui sous cette forme assez banale n'eût pu satisfaire l'inlassable besoin de composer et de construire que Valéry porte incessamment en soi. Quelque aménagement interne, un fait de structure essentiel devaient donc renforcer l'accord du thème et de sa reprise. La présence à la troisième mesure du dernier vers (vv. 434 et 454) d'un mot en *oer* accompagnant une rime finale *rãd* ou *ãdr*, répond à cette exigence[9] :

<table>
<tr><td></td><td>off*rande*</td><td></td><td></td><td>*cendre*</td></tr>
<tr><td>[434]</td><td>d'une douc*eur* si *grande*</td><td></td><td>[454]</td><td>au bonh*eur* de des*cendre*</td></tr>
</table>

Préludait, du reste, à cette rencontre la liaison identique instituée, dans le premier mouvement, entre *faveur* et le couple *tendre* / *membres* :

<table>
<tr><td></td><td>*tendre*</td></tr>
<tr><td>[432]</td><td>Car toute à la fav*eur* de mes *membres* unis</td></tr>
</table>

Combinaison qui, aux deuxième et troisième mesures du vers 432, prolongeait elle-même un rapprochement qu'avait déjà réalisé le syntagme «*sa brûlante blancheur*» du premier hémistiche du vers 430 :

[430] Sa brûl*ante* blanch*eur* n'effleura ma pensée

De sorte que l'écho décisif que se font, en guise d'accord final, le thème (vv. 429–434) et sa reprise (vv. 449–454) en leur ultime hémistiche : «*d'une douceur si grande*» (v. 434) et «*au bonheur de descendre*», apparaît, au vers 454, comme le rappel et la dernière expression d'un groupement qui, par sa présence un vers sur deux et sa progression régulière du premier hémistiche du vers 430 au second du vers 434, en passant par les mesures centrales du vers 432, avait assuré, dès l'origine, au motif *e - ã*[10] rythme, netteté, insistance, harmonie et cohésion :

<table>
<tr><td>[430]</td><td>brûl*ante* blanch*eur*</td><td></td><td></td></tr>
<tr><td>[432]</td><td>fav*eur*</td><td>*membres*</td><td></td></tr>
<tr><td>[434]</td><td>douc*eur*</td><td>*grande*</td><td></td></tr>
</table>

Tous ces traits témoignent de l'importance du thème étudié. Il reste à établir que nul autre ne prévaut sur lui dans le fragment. Une donnée objective, sommairement évoquée tout à l'heure, en apporte la preuve immédiate. À peine, en effet, le premier rappel, aux vers 449–454, du motif *e - ã* vient-il de s'achever, que s'ouvre — exemple unique dans notre morceau[11] — une seconde reprise du même motif sur les six vers suivants :

DEUXIÈME MOUVEMENT

premier rappel			*seconde reprise*
[449]	abandonnées	[455]	suppliciés
[450]	couronnées	[456]	balbutiés
[451]	doucem*ent*	[457]	abs*ence*
[452]	consentem*ent*	[458]	inno*cence*
[453]	c*end*re	[459]	serp*ent*s
[454]	*DESCENDRE*	[460]	*DESCENDS*

L'ensemble nous conduit ainsi au seuil des quatre vers incantatoires que Valéry a détachés en italique à la fin du fragment. Séparation et typographie qui correspondent, on l'entrevoit dès maintenant, à une composition très étudiée, à laquelle le hasard n'a point de part. Cet enfoncement par degrés dans les régions obscures du sommeil, dont l'écho des deux verbes *DESCENDRE* et *DESCENDS*, à la fin de leur groupe respectif, est le signe sémantique et structural le plus manifeste, atteint, en effet, avec le vers 460, un terme naturel. L'invite lancinante qu'expriment ses trois mots repris (« *Dors toujours ! Descends, dors toujours ! Descends, dors, dors !* »), rappel amplifié de l'exhortation plus discrète du vers 457 (« *Dors, ma sagesse, dors* »), marque bien cette phase ultime qui précède l'engloutissement de la conscience. Au-delà, la pensée se perd et chavire : on plonge, on s'endort ; et c'est pour le poète, le moment de l'incantation pure, prolongement indéfini des vers 457 et 460 : les échos se multiplient, les régularités s'accroissent, les mots se répètent, le jeu verbal triomphe[12].

De cette analyse, il ressort, croyons-nous, qu'une incantation progressive est un premier moyen de peindre ce qu'a d'inéluctable l'approche, puis l'invasion du sommeil. Mais il n'est pas le seul; et l'on pressent qu'un appareil plus complexe et plus subtil, dont portent témoignage les deux groupes parallèles des vers 449–460, a été mis en œuvre par Valéry pour suggérer cette descente, ce glissement insensible par degrés successifs, cette « *Modulation* » (*C2*, 111) enfin, qui, pour reprendre le mot du poète lui-même, « *conduit de la veille au sommeil* ».

Une étude interne des ressources combinatoires des deux reprises du motif *e* - *ã* va confirmer cette impression et, nous livrant la clef de la stratégie valéryenne, démontrer que nous tenons, dans l'exploitation finale de ce thème, le fait majeur de la composition du fragment XV.

Les latitudes offertes ici au poète sont mises en lumière dans un tableau où sont représentés, d'abord ensemble sur la première ligne, puis séparément sur les trois lignes suivantes, les deux coupes *e* - *e* et *ã* - *ã* qui délimitent chacun des deux groupes de six vers que forment les deux manifestations successives du motif *e* - *e* *ã* - *ã* *ã* - *ã* lors de son retour aux vers 449–460 :

Figures possibles	1	2	3	4	*5*	*6*	*7*	*8*	9	10	*11*	*12*	13	14	15	16
PARALLÉLISME 1–12 [449–460]	*e*	*e*			*ã*	*ã* / *e*	*e*				*ã*	*ã*				
SYMÉTRIE 1–8 [449–456]	*e*	*e*			/		*e*	*e*								
SYMÉTRIE 5–12 [453–460]					*ã*	*ã*		/			*ã*	*ã*				
PARALLÉLISME 5–16 [453–464]					*ã*	*ã*					/ *ã*	*ã*				

121

Cette disposition fait apparaître, déployé sur les seize derniers vers, un ensemble organique de quatre constructions possibles. Ce sont, dans l'ordre, un *parallélisme* sur 12 vers (PAR. 1–12), deux *symétries* sur 8 vers (SYM. 1–8 et SYM. 5–12) et, de nouveau, un *parallélisme* sur 12 vers (PAR. 5–16).

Ce complexe structural s'équilibre autour des deux couples ã-ã des vers 5–6 et 11–12, communs aux deux parallélismes du système, comme final de groupe dans le parallélisme 1–12 et initial de groupe dans le parallélisme 5–16. De là, pour ces deux figures de base de l'ensemble, un enchaînement très ferme, auquel répond la solide imbrication des deux symétries 1–8 et 5–12, elles-mêmes associées aux deux parallélismes par les liens structuraux les plus étroits. Elles ont, en effet, chacune pour cadre le couple initial de groupe de l'un ou l'autre d'entre eux : *e-e* pour la symétrie 1–8, ã-ã pour la symétrie 5–12.

Cette intégration simultanée, du fait de leur place, de chacun des couples *e-e* et ã-ã à deux figures de niveau différent (un parallélisme de 12 vers et une symétrie de 8 vers) permettait, dans une grande économie de moyens, une composition remarquablement liée, où le jeu savant des superpositions et des chevauchements, tel un déferlement de vagues glissant les unes sur les autres, enveloppe et saisit le lecteur pour le conduire, de proche en proche, au terme incantatoire de tout le mouvement.

C'est donc, au sens strict du mot, un véritable mécanisme architectural que pouvaient faire fonctionner, là où ils se trouvaient, les deux couples extrêmes du motif *e-ã*. Une seule condition à cela : disposer, dans les deux dernières figures, une charnière (vv. 8 et 9; 456 et 457) et une clôture de groupe (vv. 10 et 16 : 458 et 464), analogues à celles dont les couples ã-ã des vers 3-4 et 5-6 d'un côté, des vers 5-6 et 11-12 de l'autre, assument la fonction dans les deux premières. Double aménagement auquel pourvoit la mise en rapport très marquée, à la troisième mesure des vers 8 et 9 (vv. 456-457), des deux pronoms *MOI-TOI* et, au début du deuxième hémistiche du vers 10

122

et du vers 16 (vv. 458 et 464), des deux adjectifs *LA SOMBRE* et *LE NOIR*. Nécessaires au système, ces ajustements, par leur qualité, n'en sont pas moins remarquables. Ils prouvent la validité de notre analyse que confirme plus largement encore l'examen détaillé des quatre figures du poète (voir au verso le tableau développé aux pages 124 à 127).

Figures
réalisées   1   2   3   4   *5*   *6*   *7*   *8*   9   10   *11*   *12*   13   14   15   16

PARALLÉLISME
1–12 [449–460]   *e*   *e*   ã   ã / *e*   *e*   ã   ã

SYMÉTRIE
1–8 [449–456]   *e*   *e*   ã   ã / ã   ã   *e*   *e*

SYMÉTRIE
5–12 [453–460]   ã   ã   *MOI* / *TOI*   ã   ã

PARALLÉLISME
5–16 [453–464]   ã   ã   *SOMBRE* / ã   ã   *NOIR*

On découvre, aux points stratégiques, des agencements ou rappels privilégiés qui affermissent les contours et soulignent l'autonomie de chaque figure. Les *vers d'attaque et de fin de groupe* dans les parallélismes, les *vers initial et terminal* de la figure dans les symétries, sont, en effet, le lieu de correspondances soutenues, intervenant au besoin dans toutes les mesures des deux vers en jeu. Syntagme récurrent, mot répété, reprise sémantique insistante, échos phoniques prolongés, autant de moyens pour le poète d'assurer ici, jusque dans le chevauchement ou la surimpression des structures, l'originalité de lignes de chacune d'elles, et d'induire ainsi chez le lecteur, par leur déroulement progressif, rigoureux et entremêlé, la suggestion de l'endormissement de la Parque, descendant peu à peu, en d'imperceptibles transitions, aux enfers inéluctables du sommeil :

PARALLÉLISME 1–12
vv. 449–460

e	1 [449]	loin SES MAINS abandonnées
e	2 [450]	couronnées
	3 [451]	Doucement
	4 [452]	consentement...
ã	*5* [453]	pardonne, **cendre.**
ã	*6* [454]	**DESCENDRE,**
e	7 [455]	témoins, LES BRAS suppliciés,
e	8 [456]	balbutiés.
	9 [457]	absence;
	10 [458]	innocence;
ã	*11* [459]	Abandonne **serpents**
ã	*12* [460]	**DESCENDS,**

PARALLÉLISMES (sur 12 vers) :

I. *Attaque de groupe :*

  1) Parallélisme 1–12 :

[449]   *loin SES MAINS* abandonn*ées*

[455]   tém*oins* *LES BRAS*   suppli*ciés*

  Ce triple rappel phonique, sémantique et syntaxique, développé sur les trois dernières mesures du vers, donne du corps à la correspondance des deux couples *abandonnées* / *couronnées, suppliciés* / *balbutiés*, élément de base du parallélisme 1–12.

  2) Parallélisme 5–16 :

[453]   *par*d*onne*   *cen*dre

[459]   *aban*d*onne*   ser*pen*ts

  L'écho que font, dans le vers 459, à l'ouverture du deuxième groupe, après glissement d'une mesure vers le début du vers,

124

e	1 [449]	redemande	loin ses mains		abandonnées
e	2 [450]				couronnées
	3 [451]				Doucement
	4 [452]				consentement...
	5 [453]	**corps**	**pardonne**	**goûte**	**cendre**
	6 [454]				**descendre,**
e	7 [455]				suppliciés,
e	8 [456]	Entre	fin, sans m**OI**,		balbutiés.
	9 [457]		**TOI**		
	11 [459]		**serpents**		
	12 [460]	**Dors**	**dors toujours! Descends,**		

abandonne... serpents à leurs partenaires *pardonne... cendre* du vers 453, renforce lui-même la relation des deux couples *cendre -DESCENDRE* et *serpents - DESCENDS*, communs aux deux parallélismes (comme début ou fin de groupe), qu'ils enchaînent avec autant de bonheur que de souplesse.

II. *Fin de groupe :*

1) Parallélisme 1–12 :

[454]   DESCENDRE
[460]   DESCENDS

Aucune autre reprise que celle de ce verbe signifiant, à lui seul, l'enfoncement progressif dans le sommeil, n'eût pu mieux marquer les deux paliers du parallélisme qui amorce la plongée de la Parque vers le néant de la conscience et l'abolition du monde autour de soi.

125

	1 [449]	redemande	loin ses	mains	abandonnées
	2 [450]					couronnées
	3 [451]					Doucement
	4 [452]					consentement...
ã	5 [453]	**corps**	**pardonne**	**goûte**	**cendre**
ã	6 [454]					**descendre,**
	7 [455]					**suppliciés,**
	8 [456]	Entre		fin, sans m**OI**,	**balbutiés.**
	9 [457]			**TOI**		
ã	11 [459]			**serpents**		
ã	12 [460]	**Dors**		**dors toujours! Descends,**

2) Parallélisme 5-16 :

[458]   LA SOMBRE
[464]   LE NOIR

L'invasion de l'obscurité, phase finale obligée de l'endormissement, ne pouvait qu'être le terme des deux groupes du
second parallélisme, avec lequel s'achève la descente au sommeil de la Parque. Aussi le rappel sémantique *LA SOMBRE-
LE NOIR* qui clôt puissamment les deux moments du parallélisme 5–16, est-il, un degré plus bas, la suite attendue et le
prolongement naturel de la répétition *DESCENDRE - DES-
CENDS* qui concluait les deux groupes du parallélisme
précédent.

ã	5 [453]	pardonne	cendre.
ã	6 [454]		**DESCENDRE,**
	7 [455]		bras

	10 [458]		LA SOMBRE
ã	11 [459]	Abandonne	**serpents**
ã	12 [460]		**DESCENDS,**
	13 [461]		bague

| | 16 [464] | | LE NOIR |

SYMÉTRIES (sur 8 vers) :

Vers initial et terminal de la figure :

1) Symétrie 1–8 :

[449] redem*ande*   lo*in* *s*es *m*ains abandonné*es*
[456] *entre*   *fin* *s*ans *m*oi   balbuti*és*

2) Symétrie 5–12 :

[453]   c*or*ps   par*d*onne go*û*te *cen*dre
[460] d*or*s   *d*ors *tou*jours des*cen*ds

Grâce à la correspondance phonique insistante de leurs quatre mesures, les vers **449** et **456** qui délimitent la symétrie 1–8
n'ont pas entre eux des liens moins étroits que les récurrences

127

unissant, dans le parallélisme 1–12, à l'attaque de leur groupe respectif, le premier de ces deux vers au vers 455 :

[...] témoins, *LES BRAS* suppliciés

La même analyse s'applique aux deux vers extrêmes 453 et 460 de la symétrie 5–12. S'observe, là encore, entre les deux vers, tout au long de leur déroulement, un réseau de rappels phoniques qui n'a rien à envier aux relations soutenues qu'entretenait, dans le parallélisme 5–16, le vers 453 avec le vers 459, initial de second groupe. Si *toujours descends* du vers 460 est décalé par rapport à *goûte* [...] *cendre*, ce glissement reproduit, dans sa forme et son principe, celui de *abandonne* [...] *serpents* en regard de *pardonne* [...] *cendre* (voir *supra*).

Enfin, le double écho ménagé, d'un vers à l'autre, aux deux pôles du premier hémistiche *corps* [...] *pardonne - dors* [...] *dors*, en se croisant avec celui de *redemande* [...] *loin - entre* [...] *fin* des deux vers correspondants de la symétrie 1–8, donne à l'imbrication des deux figures, taillées sur le même patron, une manière de carrure et un équilibre de lignes qui ajoutent à la rigueur architecturale de l'ensemble.

La régularité des figures, la netteté de leur dessin, la perfection de leur combinaison, l'insistance des rappels, la présence, aux articulations structurales des parallélismes et des symétries, d'une ou plusieurs récurrences internes pour étoffer les deux coupes *e-e* ou *ã-ã* de ces articulations, tout, dans ce «finale» du fragment XV, qu'il s'agisse de la conception d'ensemble ou du détail de l'exécution, manifeste la maîtrise du poète à dominer les problèmes d'écriture et de composition les plus ardus.

Au départ, une loi fort simple : *un couple initial ou final de groupe dans un parallélisme de 12 vers fournit* ipso facto *le cadre d'une symétrie virtuelle de 8 vers.* Cette règle reconnue, on distribue aux endroits requis des 16 vers nécessaires à la construction projetée, les deux couples *e-e* et les deux couples *ã-ã* qui articuleront les quatre figures (deux parallélismes et deux symétries) du complexe architectural dont ils ont ouvert la possibilité.

Mise en œuvre d'un motif $e - \tilde{a}$ donné dès le début du fragment, l'ensemble unitaire et organique que compose ce complexe justifiait qu'on lui consacrât une étude séparée et qu'on en décrivît le mécanisme propre, sans s'attacher aux autres agencements que Valéry développe, ordonne, enchaîne et superpose simultanément dans ce morceau[13].

Choix d'autant moins arbitraire que le système étudié symbolisait et suggérait, *à lui seul*, en son déroulement régulier et nécessaire, ce qu'a d'insensible et d'inéluctable l'envahissement progressif du sommeil auquel succombe la Parque (voir *supra*). Or, on sait que l'une des images favorites de Valéry pour évoquer ce phénomène est celle de «*modulation*» : «*Comment peut-on s'endormir ? Voilà* [dit-il] *le problème qui m'a obsédé pendant des années. Je comparais ceci à une modulation. Il y aurait donc à trouver dans le passage des "accords"* [...] *qui soient communs aux deux "tons"*» (*C2*, 133). La référence explicite à la musique que contient ce texte ne laisse aucun doute sur les intentions de Valéry. Traduction poétique de l'endormissement, le complexe architectural des seize derniers vers ne peut qu'être *aussi*, avec les ressources propres du langage, un équivalent de ce qu'est la «modulation» dans l'écriture musicale. Le poète ne présente-t-il pas, du reste, ailleurs *La Jeune Parque* comme une «*recherche, littéralement indéfinie, de ce qu'on pourrait tenter en poésie qui fût analogue à ce qu'on nomme "modulation" en musique*» (*Œ*, I, 1473) ?

L'idée s'impose alors d'elle-même que les couples $e - e$, $\tilde{a} - \tilde{a}$ et les figures de deux types distincts (parallélismes sur 12 vers ; symétries sur 8 vers) auxquelles ils s'intègrent simultanément, doivent constituer ici l'un des moyens de cette transposition. À la continuité qu'assure en musique, dans le passage d'un «mode» à l'autre, la présence d'«accords» communs aux deux «tons», répond en notre morceau la transition que permet, à l'articulation de deux figures, l'appartenance d'un même couple aux deux constructions en jeu. Autrement dit, les couples e-e, $\tilde{a}$-$\tilde{a}$ des vers 1-2, 5-6, 7-8 et 11-12 représenteraient les «accords», et les figures (parallélismes 1–12, 5–16; symétries 1–8, 5–12), les «modes» distincts d'une œuvre musicale.

La formule d'équivalence recherchée était trouvée et, comme elle s'applique ici à un objet — l'endormissement —, lui-même analysable en termes de «modulation» (voir *supra*)[14], l'entente la plus intime s'établit entre la forme et le fond, le moule et le contenu, les structures et le thème.

Quête permanente des meilleurs écrivains, cet accord — toujours incertain — produit les grands moments de poésie. Tel ce «finale», que P. Martin jugeait, avec raison, d'une «*beauté désespérante*»[15].

*
* *

Résumons-nous. Parti de la correspondance sensible, aux deux pôles des deux mouvements égaux du fragment XV, des rimes *maîtresse* / *caresse*, *soupir* / *m'assoupir*; *devineresse* / *se désintéresse*, *voir* / *noir*, on a reconnu ensuite le thème musical dominant auquel ce double rappel servait de cadre et de signal : trois couples e-e $\tilde{a}$-$\tilde{a}$ $\tilde{a}$-$\tilde{a}$, distribués, dans chacun des deux mouvements, sur les six vers conduisant à la fin de leur première partie. Écho à distance qui préludait au retour immédiat du même motif aux six vers suivants du deuxième mouvement[16]. Dès lors étaient en place, au terme du fragment, en une suite de douze vers, que prolongeait l'ultime strophe incantatoire des vers 461–464, les pièces et ressorts majeurs du dispositif dont avait besoin Valéry pour l'exécution de son finale.

Allaient se développer ensemble, en superposition partielle, avec des constituants communs, selon un agencement calculé, quatre figures, organiquement liées, recouvrant chacune, suivant sa forme (parallélisme ou symétrie), une tranche de vers donnée (12 ou 8 vers), dont l'étendue, indépendante des divisions syntaxiques du texte, résulte d'un découpage arithmétique naturel, choisi pour les combinaisons auxquelles il se prêtait.

Modèle de composition architecturale et musicale totalement concertée[17], ce jeu savant du fragment XV montre, d'abord, ce que peut l'ambition de construire quand elle s'appuie sur des règles simples, mais exigeantes, qui imposent à chaque mot une place obligée dans un ensemble défini d'éléments solidaires dont nul ne peut disparaître sans ruiner, du même coup, l'édifice entier des figures auxquelles il s'intègre[18].

Il nous prouve, en outre, que les recherches formelles les plus raffinées, loin d'être un pur exercice de style n'ayant d'autre fin que la jouissance et la contemplation de son propre fonctionnement, peuvent convenir étroitement au thème décrit — en l'occurrence, le passage de la veille au sommeil — et en proposer la représentation la plus suggestive qui soit.

Ainsi se confirme que la mise au jour des « constructions » du texte poétique est bien, s'agissant d'écrivains tels que Mallarmé ou Valéry, la condition nécessaire d'une lecture pleinement pertinente de leur œuvre. Comme le climat d'incantation et l'atmosphère de huis-clos qui règnent dans « L'Ouverture ancienne » d'Hérodiade sont, pour l'essentiel, l'effet direct de la conception architecturale du poème et des équilibres internes qui s'y ordonnent[19], de la même façon l'empire qu'exerce sur nous l'endormissement de la Parque, le rythme envoûtant dont il nous enveloppe, le réseau de correspondances où il nous emprisonne, ont leur source principale dans le mécanisme structural rigoureux, patiemment mis en place par Valéry dans les seize derniers vers du morceau.

Agencement remarquable où se retrouve l'image de l'architecte passionné de *La Jeune Parque* qu'avait fait entrevoir un article antérieur[20], et dont un ouvrage d'ensemble découvrira bientôt les aspects fascinants, improbables et multiformes.

1. Pour la méthode dont elle relève et, notamment, les deux types de figures (parallélismes et symétries) qu'elle dégage, on se reportera à J.-P. CHAUSSERIE-LAPRÉE, « Pour une étude des organisations phoniques en poésie : les leçons de la rime », *Travaux*, XVI, 2, 1978, pp. 251-271. Voir aussi *BÉV 13*, mai 1977, p. 35-6.

2. C'est un rapport aussi fondamental qu'entretient avec l'ensemble des fragments (dont elle assure la cohésion) et le personnage même de la Parque (dont elle est « l'image mathématique ») la grande figure du « temple » que dessinent, dans l'espace du poème, les quatre termes, de début et de fin de fragment : IV, 97 *tremble*ais ; VII, 189 *trempe* ; IX, 209 *temple* ; XIII, 361 *tempe* ; cf. J.-P. CHAUSSERIE-LAPRÉE, « Deux figures de *La Jeune Parque* : une approche architecturale et musicale du texte poétique », *BÉV 13*, pp. 19-31 et, en particulier, pp. 21-4.

3. Paul Martin (« *La Jeune Parque* : paraphrase et explication », *L'Information littéraire*, 27, 1975, p. 97) qui propose du fragment XV une lecture fort éclairante, même si l'on hésite parfois à le suivre dans toutes ses interprétations.

4. *JP* [26] : « *J'interroge mon cœur quelle douleur* L'ÉVEILLE »

5. *JP* [1] : « *Qui pleure là... ?* »
   [13] : « *Que fais-tu hérissée... ?* »
   [26] : « *... quelle douleur l'éveille ?* »

6. Ou, plus précisément, deux séries de trois questions :
1) *JP* [438] : « *Qui s'aliène ?... Qui s'envole ?... Qui se vautre ?...* »
2) *JP* [439] : « *À quel détour caché... ?* »
   [440] : « *Quelle conque a redit... ?* »
   [441] : « *Le sais-je, quel reflux... ?* »
Chacune des trois interrogations du premier fragment était, quant à elle, immédiatement reprise au vers suivant :
JP [1-2] : « *Qui pleure là... / Mais qui pleure ?* »
[13-14] : « *Que fais-tu hérissée... / Et quel frémissement ?* »
[26-27] : « *... quelle douleur l'éveille / Quel crime... ?* »

7. Cf., parmi d'autres, ces deux remarques des Cahiers :
« *Comment peut-on s'endormir ? Voilà le problème qui m'a obsédé pendant des années.* » (*C2*, 133)
« *Le phénomène de l'endormissement et celui du réveil m'ont longtemps occupé l'esprit.* » (*C2*, 183)
Et ce n'est pas un hasard si tant de pages des Cahiers, consacrées à décrire « *le saisissement de toutes choses par le sommeil* » (*C2*, 183) proposent des représentations, un vocabulaire et des images étroitement accordés à ceux de notre fragment. Du poète de *La Jeune Parque* au penseur des Cahiers, nul hiatus ; mais une remarquable continuité, le second traduisant en prose les vers du premier. Deux textes surtout sont éloquents (on y figure en petites capitales tous les rappels explicites du fragment XV) :
« *L'homme qui s'endort*, S'ABANDONNE, *se* fie *à quelque chose ;* SE REMET *aux choses et à son* CORPS, *première chose ; s'adapte en dedans ; renonce à ce qui est à quelque distance ; se retire,* OBÉIT *; immole le réel, devient tout réel,* CONSENT *à n'être que soi-même ;* change d'espèce, SE REPLACE DANS L'IMPUISSANCE NATALE. » (*C2*, 97)

« *Au sommeil* [...] COMME UN OISEAU SE POSE *insensiblement et transmet à la terre ou à la branche la charge de la masse que l'aile et l'air portaient — ainsi — quelque chose décline* — etc.

Qu'est-ce donc qui se dérobe dans celui qui S'ASSOUPIT *et le* CÈDE *à ce poids naissant et invincible — tellement que l'homme sombre dans une* ABSENCE *et une impuissance qui s'ignorent elles-mêmes, comme un navire peu à peu que l'eau pénètre et qu'elle* BOIT *en quelque sorte —* PAR DEGRÉS *jusqu'à ce point critique qu'il coule enfin droit au fond* — etc.?» (C2, 184)

8. Cf. P. Martin (art. cité) qui parle ici (p. 92) d'«*une de ces pauses de la parole ou de la pensée que Valéry marque toujours d'un interligne*».

9. C'est en vertu du même principe que Valéry associe à la rime *doucement / consentement* (des vers 451-452), libre reprise du couple *tendre - membres*, le verbe *prendre* («*Et* PRENDRE *pour visage un souffle... Doucement*»), rappel insistant non seulement de *tendre*, avec lequel il «rime», mais aussi de *membres*, dont il reproduit, outre la voyelle nasale, le complexe consonantique *labiale + r* qui la prolonge. Faire réentendre, dans une même monosyllabe, de part et d'autre d'une voyelle donnée (*ã*), les deux groupements de consonnes (*br* et *dr*) des deux monosyllabes que ce mot avait mission d'évoquer simultanément, est l'une de ces prouesses techniques qui devaient ravir notre poète. Mais la difficulté de telles réussites permet de mieux mesurer le «*mal du diable que* [selon son expression, *Valéry a*] *eu avec les* mots» (Œ, I, 1635).

10. Motif auquel le jeu phonique «offen*sée* - offran*de*» des chefs de file de ces deux couples extrêmes conférait, du reste, à lui seul, équilibre et unité.

11. Si les trois premières rimes (vv. 425-426 «*maît*resse / *ca*resse»; 427-428 «*pé*ril / *vi*ril»; 429-430 *offen*sée / *pen*sée») reviennent, elles aussi, en ordre inverse, en six vers successifs du même fragment (vv. 441-442 «*reti*rée / *préma*turée»; 443-444 «*soup*ir / *m'assoup*ir»; 445-446 «*devine*resse / *se désinté*resse»), le fait ne se répète pas et l'on chercherait en vain une troisième série identique aux deux premières.

12. C'était transposer à la poésie une formule dont Valéry trouvait chez Wagner un équivalent musical : «*Wagner* [écrit-il, en effet, dans les Cahiers] *a dépeint l'endormement par une musique qui devient régulière, répétée et dont le son s'approche peu à peu en descendant, d'un son non proférable et qui va de l'articulé à l'inarticulé.*» (C2, 22).

13. Un livre d'ensemble sur les constructions du poème en comportera le relevé et en montrera la relation avec les figures étudiées ici.

14. Un autre aspect, plus central encore, de l'expression littéraire de cette «modulation» en notre fragment sera dégagé dans l'ouvrage évoqué n. 13.

15. P. MARTIN, art. cité, p. 97.

16. S'établissaient ainsi, entre les deux mouvements d'un même ensemble, quelques-unes de ces relations construites si nécessaires «*à des poèmes dans lesquels on tâcherait de rejoindre la complexité savante de la musique en introduisant systématiquement entre leurs parties des rapports "harmoniques", des symétries, des contrastes, des correspondances, etc.*» (VALÉRY, «La Création artistique», B.S.Ph., 1928, p. 14; texte cité d'après S. BERNARD, *Mallarmé et la musique* [Paris, 1959], p. 82).

17. On est alors bien près de l'idéal de l'œuvre «déduite» qui représente, on le sait, le «rêve» de Valéry; cf., parmi d'autres, ces deux textes des Cahiers

(*C1*, 254 et 262) : «*Mon rêve littéraire eût été de construire un ouvrage à partir de conditions a priori*» — «*Mon "rêve" en littérature fut bien souvent de faire œuvre entièrement* réfléchie — *c'est-à-dire déduite de ses conditions prédéterminées et assujettie à des conditions a priori.*»

18. Un aveu de Valéry prend ici tout son sens : «*Mes vers, je ne les aurais pas faits si je ne les avais presque empêchés de se faire par le nombre des conditions que je leur ai imposées et qui ne sont pas toutes visibles.*» (*C1*, 261).

19. Sur quoi, voir J.-P. CHAUSSERIE-LAPRÉE, «L'Architecture secrète de l'"Ouverture ancienne"», *Europe*, avril-mai 1976, pp. 74–103, et, plus particulièrement, pp. 82–85 et 98.

20. Cf. «Deux figures de *La Jeune Parque*...», art. cité, notamment p. 22 et p. 24.

6

« GAMMES » ET « TRANSITIONS » DANS LES « *FRAGMENTS DU NARCISSE* »

par Michel GAUTHIER

Je donnerais volontiers à la communication que j'ai proposée sous le titre « "Gammes" et "transitions" dans les "*Fragments du Narcisse*" » le sous-titre suivant : « Architecture et Musique dans un poème de Paul Valéry ». Cela pour les raisons suivantes, d'abord que le premier titre me semble, après coup, un peu obscur pour un public qui peut ne pas être au fait des recherches poético-linguistiques menées actuellement sur la musicalité des vers (et en particulier des vers de Valéry), d'autre part parce qu'il m'a semblé qu'avec ce second titre ma communication répondait mieux à la double préoccupation qui réunit les participants à ce colloque.

Par ailleurs, je dois dire que j'ai été partagé entre les deux orientations suivantes : l'une de donner une présentation extrêmement simplifiée de ma thèse qui date de 1972 et qui a été publiée, concentrée, en 1974[1], — de faire, en quelque sorte, une propédeutique à l'étude de la « musique des vers » — ; d'autre part, celle, non seulement de ne pas me répéter, mais de faire faire un pas en avant à mes recherches, et de répondre en particulier aux critiques qui m'ont été faites de n'analyser l'euphonie que de vers isolés, sans rendre compte assez (voir pp. 150–3[1]) de l'enchaînement des phénomènes musicaux sur plusieurs vers.

Il m'a semblé, par ailleurs, que ces deux mots *architecture* et *musique* me permettaient d'allier ces deux soucis de propédeutique et de spécialisation, en mettant d'abord l'accent sur les aspects, connus de tous, du poème : sur l'idée de construction, d'organisation visible d'une œuvre, puis passer progressivement des phénomènes euphoniques sensibles et repérables (grâce essentiellement à leurs répétitions), à des structures plus fines, plus complexes, et qui, nous le verrons, posent le problème de la création involontaire, voire inconsciente chez le poète ; en un mot celui des sources linguistiques de son inspiration.

Ainsi, je me proposerai d'étudier tout d'abord, avec l'architecture du poème, la notion, connue, de construction consciente de l'œuvre, en la comparant, grâce à ses « thèmes » littéraires différents, à une œuvre musicale classique en trois parties, comme la sonate. Puis je diviserai mon étude de la musique des vers tout d'abord en une analyse simple, évidente, des retours des phonèmes et des groupes qu'ils forment et se répètent ; enfin, j'étudierai la dissémination sur plusieurs vers successifs, et leurs imbrications, des thèmes consonantiques et vocaliques.

Pour me référer encore une fois à l'art musical, il m'a semblé trouver dans cette citation d'un très ancien manuel d'histoire de la musique[2], une analyse de l'art de Haydn, qui pourrait, en tous points, s'appliquer à Valéry : tant par l'accent mis sur l'auteur conscient, l'auteur architecte et constructeur d'une musique dont les significations sont secondaires ou inexistantes, une musique de laquelle sont absentes les passions ; que par la remarque finale qui associe, *mais oppose*, à cette volonté constructrice une intuition créatrice, musicale. J'essaierai de montrer le mécanisme de cette intuition musicale en action dans « *Fragments du Narcisse* ». Le musicologue dit en effet de Haydn :

> Les symphonies et les quatuors de sa maturité témoignent d'une aptitude merveilleuse à l'art *du développement*, d'un sens très délicat de la *proportion* et de la *symétrie*. Aucun grand musicien, peut-être,

ne fut plus sûrement *architecte*... Cet art de *construction*, Haydn ne le met pas au service d'un cœur passionné, d'une âme tragique. Sa musique est surtout pour l'oreille qu'elle *charme*... c'est bien de *la musique pure* dont tout l'intérêt réside dans son *développement sonore* plutôt que dans les pensées et les sentiments qu'elle pourrait faire naître... Il travaillait ses thèmes comme ses *développements*, et les plus naturels et les plus coulants avaient sans doute été *bâtis méthodiquement* pièce à pièce. Mais tous ses calculs étaient dirigés par un instinct merveilleux : c'est en quoi il avait du génie.[2]

Cette conception du génie est, nous le verrons, un des points sur lesquels nous nous séparons, J.-P. Chausserie-Laprée et moi; car il me semble qu'il entend par là tous les phénomènes dont le poète a pu être conscient — mieux, même : tous les phénomènes que le poète a dû volontairement rechercher et placer à dessein et aux endroits voulus dans son œuvre, dans un but précis, quoique non déclaré —; tandis que je crois, personnellement, chez le poète à une sorte d'instinct linguistique dont, en tant que linguiste, je m'efforcerai de démonter plus tard le mécanisme.

*

En quoi donc peut-on dire que les « *Fragments du Narcisse* » sont l'œuvre d'un architecte, d'un constructeur, de quelqu'un qui a fait quelque chose de méthodique? Répondre à cette question semble, de prime abord, une sorte de gageure; car nous savons fort bien que le poème n'a pas été réalisé en application d'un projet unique initial, comme un maître d'œuvre, un maçon, réalisent les plans de l'architecte, mais au contraire que le poème est le résultat de soudures successives de plusieurs fragments de poèmes fortement remaniés entre 1890 et 1926. Pourtant, telle qu'elle se présente, l'œuvre que nous étudions s'articule clairement en trois parties — quoique d'inégales longueurs — non seulement parce que l'auteur lui-même, en les séparant, leur a affecté un numéro en chiffres romains, mais aussi parce que nous pouvons très nettement y distinguer des « sujets », des « thèmes » — au sens littéraire du terme — qui facilitent l'appréhension par l'esprit de ce long poème de 314 vers.

Le premier mouvement est occupé par une méditation du Narcisse sur le paysage qui l'entoure : la nature, la fontaine :

Rêvez, Rêvez de moi ! Sans vous, belles fontaines...   (v. 17)
Heureux vos corps fondus, Eaux planes et profondes !   (v. 29)
À cette onde jamais ne burent les troupeaux !   (v. 60)

Dans un deuxième temps de ce premier mouvement, Narcisse fait la découverte de son propre corps, ou plutôt de l'image de son corps dans l'eau :

Te voici mon doux corps de lune et de rosée   (v. 115)
Qu'ils sont beaux de mes bras les dons vastes et vains !   (v. 117)
Mais que ta bouche est belle en ce muet blasphème !   (v. 121)
Pâles membres de perle, et ces cheveux soyeux   (v. 124)
Entre ce front si pur et ma lourde mémoire   (v. 133)
Ô visage !... Ma soif est un esclave nu   (v. 135)

Le second mouvement est caractérisé par une tout autre méditation : c'est une méditation sur l'amour et sur les amants. Narcisse s'adresse à la fontaine, toujours, et il lui dit en quelque sorte : « De ce que tu as vu, de ce que tu as reflété, de tout cela que gardes-tu en mémoire ? » Ainsi le thème de la mémoire précède le thème de l'amour déçu :

Ô présence pensive, eau calme qui recueilles
Tout un sombre trésor de fables et de feuilles...   (vv. 165-166)

C'est dans sa mémoire aussi que l'onde garde « l'image » d'un couple et revoit

L'amant brûlant et dur ceindre la blanche amante...   (v. 174)

Ces amants, presque aussitôt, sont évoqués désunis, déçus, chacun cherchant au bord de l'eau le souvenir d'un bonheur passé et perdu :

Des amants détachés tu mires les malices...   (v. 194)
Ils vont des biens perdus trouver tous les tombeaux   (v. 204)
L'autre aimait ce cyprès, se dit le cœur de l'autre   (v. 206)

Ce premier thème du second mouvement s'articule sur un second thème où Narcisse oppose à l'amour du couple, amour, nous le voyons, périssable, l'unité de « sa seule essence » :

Mais moi, Narcisse aimé, je ne suis curieux
     Que de ma seule essence   (vv. 231-232)
Ô qu'à tous mes souhaits, que vous êtes semblable !   (v. 249)
Et vos bras refermés sur les mêmes sanglots
Étreindre un même cœur, d'amour prêt à se fondre   (vv. 260-261)

Mais le troisième mouvement nous rappelle que cette unité de Narcisse est une erreur : par l'image de la fontaine, il se reconnaît double, et, comme Valéry lui-même, il pressent que le baiser qui l'unira à lui-même sera une découverte de la mort : « *La mort est l'union de l'âme et du corps dont la conscience, l'éveil et la souffrance sont désunion.* » (« Analecta »; II, 719).

Aussi Narcisse cherche à retarder le moment où *son double* disparaîtrait seul de la surface de la fontaine. Il souhaite que la lumière ne baisse pas; Narcisse supplie les dieux que

Sur sa pente de pourpre ils arrêtent le jour   (v. 279)

car la mort de l'image n'est pas l'union recréée :

Oh! te saisir enfin! Prendre ce calme torse   (v. 289)
L'âme, l'âme aux yeux noirs touche aux ténèbres mêmes   (v. 305)
Hélas! Corps misérable, il est temps de s'unir   (v. 311)

On voit que, dans cette perspective métaphysique, que Valéry formulait encore ainsi dans « Choses tues » (II, 502) : « *C'est la vie et non point la mort qui divise l'âme du corps* », « *l'âme aux yeux noirs* », l'image de Narcisse qui s'obscurcit dans l'eau, c'est son corps qui s'efface, tandis que son « âme », sa pensée consciente, reste présente sur la berge. Dans le Cahier XX (282), Valéry explicite ainsi sa pensée : « *La nuit dissipe le Narcisse. Il ne voit plus ses mains ni son image* [...] *Il n'est plus que ses forces et que sa pensée. Ce n'est point la mort, mais le symétrique de la mort,* son reflet, *car l'âme est* présente, *le corps* absent. » Et, au Cahier XI (689) : « *Le Narcisse. La pensée trouve un monsieur dans le miroir.* »

Tout ce troisième mouvement s'achève dans une sorte de « Nocturne » qui, plus qu'un thème littéraire, coïncide avec une évocation philosophique de la conscience qui veille, séparée du corps, plongé dans l'obscurité du sommeil — ou de la mort.

Et l'œuvre, par son dernier vers,

Passe, et dans un frisson, brise Narcisse, et fuit...

prend une forme conclusive, qui répond à l'un des premiers vers :

Je ne troublerai pas l'onde mystérieuse.   (v. 6)

En ce qui concerne la musicalité interne de cette composition triptyque, il n'est sans doute pas inutile de rappeler qu'elle est fondée sur un effet d'échos et de répétitions. Comment, d'ailleurs, ne pas évoquer la nymphe Écho lorsqu'on parle de Narcisse ? Mais c'est au seul vers 94 que Narcisse la nomme :

        Les efforts mêmes de l'amour
Ne le sauraient de l'onde extraire qu'il n'expire...
PIRE.
    Pire ?...
        Quelqu'un redit Pire... Ô moqueur !
Écho lointaine est prompte à rendre son oracle !

Pourtant si son nom n'est plus évoqué, sa présence invisible est sensible dans les nombreuses occasions où le poète répète les mêmes mots :

Profondeur, profondeur, songes qui me voyez	(v. 76)
Fontaine, ma fontaine, eau froidement présente	(v. 149)
L'autre aimait ce cyprès, se dit le cœur de l'autre	(v. 206)
J'aime... J'aime ! Et qui donc peut aimer autre chose	
Que soi-même ?	

        Toi seul, ô mon corps, mon cher corps

                                  (vv. 274-275)

L'arbre aveugle vers l'arbre étend ses membres sombres (v. 301)
L'âme, l'âme aux yeux noirs, touche aux ténèbres mêmes (v. 305)

Valéry regrette même, dans le Cahier XX (597), de n'avoir pas joué plus, et symboliquement, du double thème du reflet et de l'écho : «*Dans Narcisse, j'aurais dû jouer de l'Écho en combinaison avec le miroir. Donner au reflet puissance d'écho...*»

Quand ce ne sont pas les mêmes mots, ce sont les mêmes phonèmes, groupés en syllabes identiques, semblables ou inversées, comme «en miroir», qui nous donnent, du poème, une double représentation, à la fois symbolique et «musicale» :

Et de <u>tant</u> de trésors <u>ten</u>drement accablée (v. 51)
Tout m'appelle et m'en<u>chaî</u>ne à la <u>chair</u> lumineuse (v. 70)
Que m'opp<u>ose</u> des <u>eaux</u> la paix vertigineuse ! (v. 71)
<u>Antr</u>es, qui me <u>ren</u>dez mon âme plus profonde (v. 100)
Vous me le <u>murmu</u>rez, ra<u>mures</u> ! Ô <u>rumeur</u> (v. 102)
Déchirante...
Nu, sur <u>la place</u> <u>pâle</u> où m'att<u>ire</u> l'eau t<u>ris</u>te (v. 113)

Ces rappels de sonorités sont inégalement perçus, bien sûr, selon que l'accent tonique les souligne tous deux, ou un seul ; selon, également, que les consonnes se trouvent, par rapport à la voyelle, dans la même position d'ouverture ou de fermeture ; selon, enfin, et surtout, que la voyelle sera, ou non, identique dans un entourage consonantique rigoureusement égal :

Tout est songe pour toi, <u>Sœur</u> tranquille du <u>Sort</u> ! (v. 152)
L'oiseau <u>mort</u>, le fruit <u>mûr</u>, lentement descendus (v. 167)

Au Cahier XII (605), Valéry se penche en ces termes sur le «Principe de répétition» : «*Ceci est capital. Comment se peut-il que l'on n'ait pas médité sur cette structure de recommencements qui est la chose la plus évidente, la plus essentielle ?... [...]... Une grande part du labeur de l'esprit est de constituer en systèmes capables de répétitions les combi-*

naisons d'impressions... C'est là ce qu'on nomme exprimer. Peut-être le secret de la mélodie. » Et Valéry conclut sur ce qui va être pour nous l'ouverture vers nos études plus techniques : « *La poésie... Appel à la* sonorité totale. *Il s'agit d'"expliquer" ce qui chante, ce qui fait chanter, ce qui rend chantant.* » (*C*, XII, 918).

*

Cette dernière citation montre bien que Valéry se situe aussi dans la perspective qui est la mienne : il s'agit *après coup* d'essayer d'expliquer *ce qui est venu* « en chantant » dans l'esprit et sous la plume du poète.

J'ai déjà eu l'occasion d'évoquer ici les travaux de J.-P. Chausserie-Laprée. Avant de présenter mon propre système, et d'évoquer les points précis sur lesquels je me sépare de lui, je voudrais insister sur la base méthodologique qui nous est commune, et par laquelle nous sommes, lui et moi, *fidèles à la pensée de Paul Valéry qui a affirmé qu'il n'y avait aucun rapport entre le son et le sens en poésie* (cf. pp. 30-1, 71[1]), comme les linguistes modernes l'ont démontré pour la prose.

Cela dit, J.-P. Chausserie-Laprée et moi divergeons sur deux points fondamentaux. Lui préfère considérer comme groupes de phonèmes itératifs les groupes formés par la syllabe ; alors que pour ma part je suis, probablement pour des différences de sensibilité personnelle, plus attiré par ce que l'on appelle classiquement l'allitération, d'un côté, et l'assonance de l'autre. Je sens plus les groupes de voyelles ou de consonnes qui se répètent, qui se replient, qui se répondent, séparant ainsi le vers en deux parties équivalentes (pour la nature des timbres, quoique souvent inégales quant au nombre de syllabes concernées).

La position syllabique de J.-P. Chausserie-Laprée, outre l'aspect phonique que nous venons de considérer, présente en plus un autre aspect de différence avec mon propre système. La syllabe est unité numérable d'une part, et elle est, d'autre part, liée à l'accent d'intensité (ou à son absence) — (le tout lié au sens). C'est dire que J.-P. Chausserie-Laprée reste attaché au cadre métrique et périodique classique. Pour ma part, je considère que les structures formées par les consonnes ou les voyelles qui se répètent — en, au moins, deux groupes (même inégaux) à l'intérieur d'un vers, — constituent une sorte de rythme interne, un *vrai* rythme, vital et spontané, à l'intérieur même de la numération et de l'accentuation officielle et normative.

Cette seconde partie de mon exposé va donc être une tentative de familiariser le lecteur avec des notions que j'ai développées par ailleurs ; mais, afin, je l'ai dit, de pousser en même temps plus avant mes démonstrations, je ne limiterai pas à un seul vers les structures vocaliques ou consonantiques itératives, je les montrerai plutôt en action sur au moins deux vers, puis trois, jusqu'à huit ou dix, afin de faciliter l'appréhension de la musicalité continue (voire totale) souhaitée par Valéry.

Dans le premier vers que nous allons considérer, qui est le vers 13 des « *Fragments du Narcisse* » :

Il craint jusqu'au frisson d'une plume qui plonge

une sensibilité que je caractériserai de stylistique remarquera préférentiellement, par exemple, la répétition des consonnes *pl* des mots *plume* et *plonge*. Personnellement, je crois que la musicalité de ce vers est due à la reprise, en deux groupes, des voyelles *i - on - u - e* dans la fin du vers :

Exemple 1 :
[...] frisson d'une plume qui plonge
       i on   u e   u   e   i   on

Deux remarques sont peut-être à faire. D'abord que nous avons, ici, une mélodie réellement continue ; mais (pour des raisons de clarté intellectuelle) que je souligne en deux groupes apparents ; car ces groupes seront, le plus souvent, séparés par un ou deux phonèmes différents.

D'autre part, cette « mélodie » ne couvre pas nécessairement tout le vers. Cet exemple montre bien l'indépendance de cette structure par rapport à la forme prosodique classique dans laquelle elle s'insère; mais, comme nous le verrons par ailleurs, l'espace non couvert par la mélodie vocalique pourra très bien être occupé par une structure consonantique, avec, éventuellement, des imbrications avec la structure vocalique.

Les vers 157-158 montrent, toujours sur le plan vocalique, six voyelles se reproduisant, quoique en ordre différent, et avec répétition de l'une d'entre elles *e*, en deux groupes qui couvrent toute la seconde moitié du mètre, depuis la dernière syllabe, tonique du premier hémistiche :

Ex. 2 :
Onde, sur qui les ans passent comme les nues,
<u>an</u>   *a e   o   e è   u*
               +
Que de choses pourtant doivent t'être connues
   <u>an</u>   *a e   è e o u*
              +

Ici, malgré l'interruption de cinq phonèmes vocaliques entre les deux groupes de la série, le lecteur perçoit cette unité mélodique qui tient dans le cadre de la syntaxe, car elle appartient à la même phrase, et dans le cadre prosodique classique : ces deux vers rimant entre eux.

Dans l'exemple suivant, nous avons aussi le respect du cadre syntaxique et prosodique : pourtant, le second vers ne représente déjà plus qu'une proposition coordonnée qui rime avec le précédent :

Ex. 3 :
Par de tels souvenirs qu'ils empourprent sa mort
     i an ou   e   a ô
Et qu'ils la font heureuse agenouiller dans l'or   (vv. 52-53)
    <u>*a e ou (é) an   ô*</u>
         (i)

Mais, sur le plan phonique, on peut noter une sorte de «fausse note», où le son *é* représente le timbre *i* du premier groupe. Tous les autres timbres sont là. On fera, en conséquence les deux remarques suivantes : tout d'abord que le timbre du second groupe, qui ne répète pas d'autres timbres, *prend la place* de celui qui, présent dans le premier, n'est pas répété dans le second. Cette notion de substitution à la même place, et pour jouer le même rôle, sans tenir compte de la nature du phonème, est naturellement, dans un premier temps, une notion structurale[3]. Puis, par ailleurs, tous les phonéticiens reconnaissent sinon l'identité, du moins la similitude, par proximité d'articulation et par leurs formants acoustiques, des deux voyelles *é* et *i*. Cette seconde notion est une notion phonétique qui vient ici seulement compléter la précédente.

L'exemple suivant, des vers 142-143, nous montre, cette fois, une mélodie de quatre timbres, chaque fois fondée sur la fin des deux vers, mais *de deux vers qui ne riment pas entre eux* : ce qui montre la totale indépendance de ce phénomène par rapport à la prosodie classique :

Ex. 4 :
Trahir... peindre sur l'onde une fleur de pensée
                e œ   e an é
Et quels événements étinceler dans l'œil !
         e é   an   œ

Les exemples antérieurs pouvaient en effet donner l'impression que chaque groupe de la série prenait en quelque sorte appui sur la rime pour remonter le plus loin possible dans le vers ; à ces *rimes antécédées* s'oppose à présent *cette antirime*, dont l'euphonie, qui établit une équivalence entre la fin des deux vers successifs, entre en contradiction, en revanche, avec le système des rimes.

Un troisième phénomène apparaît, que l'on appellera *antérimes*, où l'équivalence euphonique de deux groupes prend appui sur le seul début des deux vers successifs, comme dans l'exemple des vers 91-92 :

Ex. 5 :
Les efforts mêmes de l'amour
 è è ô   ê e   e
Ne le sauraient de l'onde extraire qu'il n'expire
 e e ô è   e

Avec les vers 35 et 36, nous voyons la mélodie, d'une part embrasser la presque totalité des phénomènes vocaliques de ces deux vers, et, d'autre part, négliger trois syllabes successives qui, jusqu'ici, nous ont servi de référence : celle de la rime du premier vers, et la première syllabe du second vers :

Ex. 6 :
La voix des sources change, et me parle du soir,
<u>a a   è ou e   an   é   e a e</u>
Un grand calme m'écoute, où j'écoute l'espoir
<u>an   a e (é-ou -ou -é-ou)e è   a</u>

Ce qu'il est intéressant de constater, à ce niveau de notre analyse, c'est qu'il s'agit tellement de musicalité pure (ou de poésie pure, au sens valéryen du terme[4]), que les deux groupes de la série sont absolument interchangeables : en effet, nous savons que ces deux vers étaient déjà présents dans « *Narcisse parle* » (vv. 5-6) *mais en ordre inversé*, c'est-à-dire notre actuel vers 36 précédant le vers 35.

Avec l'exemple suivant, la mélodie se répond sur deux vers (100-101) qui ne riment pas mais appartiennent cependant à la même phrase syntaxique. Cette mélodie, de sept timbres, échappe encore, par la première et la dernière syllabes du second vers, au moule classique et aux catégories que nous connaissons :

Ex. 7 :
Antres, qui me rendez mon âme plus profonde
<u>an e   i e an é   on a e u   ô on</u>
Vous renflez de votre ombre une voix qui se meurt
<u>an é   e ô   on   u e a   i e</u>

Les trois vers suivants (302–304) nous permettent de comprendre comment un thème mélodique (*e-an-a-i-è*)

Ex. 8 :
Et cherche affreusement l'arbre qui disparaît
<u>e an   a e   i i a è</u>

est augmenté d'une « note » qui n'était pas présente dans le groupe initial (pp. 143–5[1]) :

146

Mon âme ainsi se perd dans sa propre forêt
i e è an a (o) e (ô)è
　　　　　　　　+

Mais il convient de remarquer d'abord que cette «fausse» note est répétée, dans ce second groupe, ce qui, en quelque sorte, la réintroduit dans le système général des itérations; ensuite que le «thème» ainsi augmenté est confirmé dans le troisième vers, où il réapparaît en incluant cette note «de transition» :

Où la puissance échappe à ses formes suprêmes
a i an (é) a a è ô e
　　　　　　+

Enfin, ce troisième vers, avec son thème augmenté, présente à son tour une note insolite qui ne restera un timbre de transition que s'il ne réapparaît pas dans le même thème au vers suivant. De même, en musique, une modulation peut être amenée par l'introduction, dans un mode, d'une note de transition vers cet autre mode.

Nous allons, dans un second temps, remarquer que les mêmes structures se retrouvent dans la série des consonnes :

Ex. 9 :
Pure et toute pareille au plus pur de l'esprit　　　　(v. 283)
p re t t p r p r d

On voit que l'euphonie ne se confond pas avec l'allitération qui, elle, prendrait en compte — et eux seuls — les deux autres *p* de *plus* et de *esprit*. Par ailleurs, comme nous l'avons vu dans la série vocalique, des phonèmes consonantiques peuvent être présentés comme semblables (à défaut d'identité) : ici *t* et *d*. C'est le cas de toute la série des voisées sonores qui correspondent euphoniquement aux consonnes non voisées (ou sourdes).
Mais il peut se produire aussi, comme j'en ai annoncé le principe avec l'exemple n° 3, que deux timbres se présentent comme équivalents *à l'intérieur d'une structure* par ailleurs

identique, même si les traits phonétiques pertinents qui rapprochent ces deux timbres sont peu nombreux, comme ici le *n* et le *l* :

Ex. 10 :
Vers toi, leurs tristes pas suivent leurs souvenirs   (v. 200)
<u>s v   l r</u> <u>s   v (n) r</u>
            (l)

Un autre exemple (v. 179) nous montre encore une « mélodie » artificiellement coupée en deux groupes (cf. *Ex. 1*) de trois timbres comportant chacun quatre occurrences : c'est dire que l'un des timbres (et ici, par hasard, le même, *l*) est redoublé dans chaque groupe :

Ex. 11 :
Elle parle à l'épaule et règne sur la chair
<u>l p rl</u> <u>l p l   r</u>

On constatera, encore une fois, que ces structures euphoniques, non seulement courent à l'intérieur et en dessous des cadres prosodiques, mais qu'elles enjambent aussi les limites reconnues des mots. Et aussi, et surtout, que, sur le plan purement phonétique, ces phonèmes restent totalement libres par rapport à la syllabe puisque n'entrent pas dans leur définition leur position implosive ou explosive, ni leur point d'articulation par rapport aux phonèmes environnants, ni leur réalisation d'intensité sonore par rapport à l'accent tonique. En effet, l'euphonie des vers part de la définition *phonologique* des phonèmes, et non point de leur réalité phonétique (comme somme des traits pertinents qui se réalisent simultanément pour constituer un phonème).

Avec le vers 142 la mélodie consonantique s'amplifie ; mais aussi les deux groupes de la série sont sensiblement séparés par les deux timbres *n* et *f* :

Ex. 12 :
Trahir... peindre sur l'onde une fleur de pensée
<u>p dr s r l d</u>   <u>l r d p s</u>

L'exemple suivant (*13*), comme l'exemple précédent (*12*), réalise le phénomène que j'ai appelé une *résolution* (cf. pp. 140 et 137[1]), dans lequel les timbres de la mélodie n'apparaissent chacun qu'une seule fois dans le dernier groupe, alors que certains d'entre eux sont répétés dans le (ou les) groupe(s) précédent(s) :

Ex. 13 :

Et dans la sombre terre, un clair tombeau qui s'ouvre   (v. 62)
  l   s   br   t r   kl   r   t   b   k   s

Mais l'exemple, ici, est peu apparent puisque, non seulement les deux groupes de la série ne sont pas séparés par un ou plusieurs phonèmes étrangers, mais encore parce que la «césure» euphonique passerait à l'intérieur du groupe phonétique d'une occlusive et d'une liquide jumelées à l'explosion de la syllabe.

Ce qui rend également cette mélodie plus difficile à percevoir, c'est, d'une part, l'accroissement du nombre des timbres concernés — et cela semble surtout valable pour les consonnes qui bénéficient mal, au contraire des voyelles, du soutien éventuel de l'accent tonique — ; d'autre part, l'ordre différent dans lequel les timbres se présentent dans le second groupe. Mais là, la remarque vaut aussi dans la série vocalique : il est bien certain que moins les phonèmes sont nombreux, et aussi plus ils se représentent dans le même ordre, plus ils sont perceptibles à l'oreille. Pourtant, le système, avec un peu d'accoutumance, devient réellement, sinon perceptible dans sa complexité, du moins devinable par l'oreille. Maurice Grammont, lui, avertissait son lecteur

qu'un simple examen, même attentif [...] ne suffira[it] pas pour le mettre en état d'apprécier par lui-même l'harmonie d'un vers. Il sera nécessaire qu'après s'être bien pénétré des définitions préliminaires il s'exerce sur mille ou deux mille vers de suite. Quand il aura étudié ainsi mille vers la plume à la main, puis mille vers par son oreille seule, l'éducation de cette dernière sera suffisante pour qu'il saisisse du premier coup le degré d'harmonie d'un vers.[5]

J'ajouterai que, comme Pierre Guiraud l'avait bien souligné[6], le système de Grammont offrait l'inconvénient de ne s'appliquer qu'aux seules voyelles. Mais il présente pourtant le mérite de contredire, par le structuralisme de sa troisième partie, ce que ses première et seconde parties manifestaient de trop intuitif et appréciatif, c'est-à-dire antiscientifique et, surtout, rétrograde.

Sur deux vers, nous retrouvons, avec les consonnes, le même phénomène d'antérimes que tout à l'heure avec les *Exemples 2* et *3* :

Ex. 15 :
Et d'ici nous goûtions le souffle de la mer !
<u>l d l m r</u>
Hélas la rose même est amère dans l'air   (vv. 207-208)
<u>m r d l r</u>

Ce phénomène est d'autant plus perceptible qu'il est soutenu par les deux voyelles *a - è*.

L'exemple suivant lui est sensiblement identique, avec la reprise insistante de la voyelle *è* :

Ex. 16 :
Tu consommes en toi leur perte solennelle !
<u>rt s l n l</u>
Mais, sur la pureté de ta face éternelle,   (vv. 169-170)
<u>s t rn l</u>

Ces deux séries des exemples ci-dessus présentent, dans le rapport entre leur second groupe et leur premier groupe, deux figures distinctes : *un parallélisme symétrique*, dans un cas, *une résolution* dans l'autre (cf. pp. 140 et 137[1] ; *Ex. 13*).

On trouvera également, comme dans les exemples vocaliques, des *antérimes*, c'est-à-dire deux groupes s'appuyant sur les débuts de deux vers successifs :

Ex. 17 :
Mais, sur la pureté de ta face éternelle,
<u>m s r l p r</u>
L'amour passe et périt   (vv. 170-171)
<u>l m r p s p r</u>

Puis, dans un autre exemple, deux *antirimes* forment série avec l'antérime d'un troisième vers suivant :

Ex. 18 :
Sa main puissante passe à travers l'épaisseur

Des tresses que répand la nuque précieuse,
$$\underset{p\;\;\;s\quad\;\;r}{}$$

S'y repose, et se sent forte et mystérieuse ;   (vv. 176–178)
$$\underset{pr\;\;s\quad\;\;z}{}$$
$$\underset{s\quad r\;p\;z\quad\;\;s\;\;\;s}{}$$

J'ai eu l'occasion d'avancer ailleurs[7] l'idée de la présence, chez Valéry, d'un « étymon » *p r s*, sorte de groupement préférentiel — ou « mode » consonantique — qui a souvent servi à attirer au jour de sa conscience des mots ou des groupements de mots contenant et reproduisant ce « squelette consonantique ». Ainsi les « *esprit - paresse - serpent - soupire - inspire - expire - espoir - apparence - se repose* » etc. sont-ils typiquement « valéryens ».

Comme nous avions vu à l'*Exemple 8* un timbre de transition s'imposer comme spécifique, non seulement par sa répétition dans le groupe même où il apparaît, mais aussi dans le groupe suivant, ainsi en est-il, à présent, successivement du *d* (altération d'un *t* primitif), et surtout du *l*, absent dans le premier groupe, qui apparaît dans le second et est répété trois fois dans le troisième :

Ex. 19 :
Ô forme obéissante à mes vœux opposée !
rm   b   s   t   m

Qu'ils sont beaux, de mes bras les dons vastes et vains !
s   b   (d) m   br   l   (d)
(t)   +

Mes lentes mains, dans l'or adorable se lassent   (vv. 116-118)
m   l   t   m   (d)   l   r   (d) r bl   s   l   s
+   +   +   +

Le moment est maintenant venu de passer à notre troisième étude, dans laquelle nous allons voir, les interférences et les imbrications de toutes ces figures, mais surtout comment les « thèmes » qu'elles forment se poursuivent et alternent sur plusieurs vers, à la manière des motifs d'une fugue musicale.

151

Avec le vers 79 nous reconnaissons, sur la ligne supérieure de ma notation, une série consonantique dont le second groupe est augmenté d'une altération (les phonéticiens connaissent la parenté articulatoire du *f* et du *v*). Sur la ligne inférieure, deux *oscillations* (pp. 108–13[1]) vocaliques présentent ici toutes deux la structure ABA, contrairement à celle incluse dans le second groupe de la série de l'*Exemple 6* (ABBAB). L'oscillation est une figure, semble-t-il, plus accessible à l'analyse littéraire, car c'est essentiellement celle qui a été retenue et étudiée par l'auteur d'un manuel[8].

Ex. 20 :
Votre corps vous fait-il envie ? (v. 79)

<pre>
v tr   r   v   (f) t
(ô e   ô)   (i   an i)
</pre>

On constate que l'oscillation qui se présente en premier s'imbrique dans le premier groupe de la série consonantique, alors que la seconde prend la relève du second groupe, à la fin (que j'ai marquée) de celui-ci. On devine ainsi que, par ce système *d'imbrication,* l'oreille puisse avoir une impression générale et vague de plénitude mélodique quand, en réalité, l'euphonie satisfait, séparément et successivement, à des échos de groupes vocaliques et consonantiques; chose dont ne peut rendre compte une théorie fondée sur la période et la syllabe. Mais il est vrai que les figures euphoniques perçues en premier sont les plus simples, où l'oscillation est à la fois vocalique et consonantique, et où l'imbrication est si étroite qu'elle crée la même syllabe :

<pre>
(g   t   g   t)   (t   r   t   r)   (f s   f s)   (s   l   s   l)
(ou   à ou)   (ou à ou)   (a   a   a)   (œ   à   œ)
(goutte à goutte)   (tour à tour)   (face à face)   (seul à seul)
</pre>

Nous pouvons comparer les perceptibilités différentes de cette même figure de l'oscillation selon les relais ou les coïncidences des voyelles et des consonnes dans l'exemple suivant :

152

Ex. 21 :

Ces grands corps chancelants qui luttent bouche à bouche   (v. 185)
  (gr   k r)   (l   k   l)   (b ch   b ch)
      (an e an)   (ou   a   ou)

Les vers 20 et 21 nous montrent bien comment, s'appuyant sur les mêmes consonnes et les mêmes voyelles, dans un ordre différent, et accentués différemment, les phonèmes constituent des syllabes et des mots différents, présentant entre eux des parentés euphoniques réelles et des plus subtiles :

Ex. 22 :

Sa tendresse confuse étonnerait ma chair
          <u>r   m ch r</u>
          <u>e è   a   è</u>
Et mes tristes regards, ignorants de mes charmes
                  <u>m ch rm</u>
                 <u>e è   a</u>

Dans le vers 211, j'ai retenu l'imbrication de deux séries, une série consonantique brève, sur la ligne supérieure, et une série vocalique, formée également de trois timbres seulement, mais, grâce aux répétitions, en groupes bien plus longs :

Ex. 23 :

Ils respirent ce vent, marchent sans le savoir
  <u>r   s   v</u>   <u>s v   r</u>
  <u>e   e an   a   e</u>   <u>an e a a</u>

Toujours pour des raisons de clarté pédagogique, j'ai fragmenté l'exemple suivant (v. 48), dont l'euphonie consonantique couvre, en réalité, la totalité du vers. On considérera que cette euphonie peut en effet se scinder en trois séries, dont la seconde est réduite aux timbres *r* et *v* (altéré en *f* dans le second groupe).

La troisième ligne montre alors comment se rattachent les uns aux autres les groupes de ces séries, par *chevauchements* :

Ex. 24 :

Ô douceur de survivre à la force du jour
  <u>d s   r</u> <u>d s r</u>   <u>d (j) r</u>
                                  <u>(s)</u>
                <u>vr</u>   <u>f r</u>
  <u>d s rv vr</u>   <u>f rs d</u>

Les vers 16 et 17 nous permettent de voir réunis les deux phénomènes que je viens de signaler : à la fois *une imbrication* de groupes vocaliques dans les groupes consonantiques, et *un chevauchement* d'un groupe consonantique sur un autre. À la fin du premier vers, le 2ᵉ groupe de la seconde ligne consonantique chevauche sur celui de la première ligne ; par rapport au premier, il perd un phonème *n*, mais s'accroît du phonème *r* final :

Ex. 25 :
Sommeil des nymphes, ciel, ne cessez de me voir !

s m	d n f	s	n s s	d m *(v)*	1.1.
				(f)	(1ʳᵉ série, 2 groupes)
	d n f			*s s d m v r*	2.3.
					(séries 2 et 3)
		e è e è é e e a			A
					(1ʳᵉ série vocalique)

Rêvez, rêvez de moi ! Sans vous, belles fontaines

r v r v d m s v	*f (t) n*	3.2
	(d)	
è é è é e o		A

Il est temps de faire remarquer ici encore que, des trois séries consonantiques, l'une d'elles (nᵒ 3) ne présente réellement aucune coupure en deux groupes (de même que la série vocalique) : elle enjambe la frontière, qui lui reste extérieure et indifférente, de la coupure métrique et de la rime. Par ailleurs, sur le plan syntaxique, comme sur le plan prosodique, ces deux vers se succèdent sans lien alors que, nous le voyons, ils sont très liés euphoniquement.

Lorsque deux séries de même nature (vocalique ou consonantique) se succèdent sans presque chevaucher, elles s'enchevêtreront en formant les figures les plus connues, comme ici le chiasme ABBA :

Ex. 26 :
Mais ce n'est pas le calme, hélas ! que j'y découvre !

è e è a e a é a e i é ou	(v. 63) AB

Quand l'opaque délice où dort cette clarté

a e é i ou è e a é	(v. 64) BA

Au second vers, deux phonèmes *an* et *ô*, qui n'entrent pas (car non répétés) dans le cadre de l'euphonie, nous permettent de repérer visiblement les groupes qui forment cette figure ; car l'oreille, elle, perçoit seulement une impression générale d'« harmonie ».

De l'*Exemple 27*, compte tenu, au premier vers, du chevauchement de la seconde série consonantique sur la première (exactement, de chaque premier groupe de ces séries l'un sur l'autre), nous découvrons la figure ABABA, figure oscillatoire (pp. 108-13¹) que nous retrouvons, ici, à une échelle supérieure : 1-2-1-2-1.

Ex. 27 :

Tu consommes en toi leur perte solennelle ;

<u>t   l   r   p   rt   s   l</u>   1/2

     <u>rt   s   l   n   l</u>   (chevauchement)

Mais, sur la pureté de ta face éternelle   1.2

<u>m   s   r   l   p   r   t</u>   <u>s   t   rn   l</u>

\+

L'amour passe et périt

<u>l   m   r   p   s   p   r</u>   1.

  +   (*-t*)   (vv. 169-171)

On remarque également, au second groupe de la première série, une *variation* (addition du *m*) (pp. 143-5¹), confirmée dans le troisième groupe qui perd, lui, une autre consonne, par *diminution* (pp. 145-6¹).

Les vers 121-122 nous montrent bien comment un long récitatif de six phonèmes vocaliques, présentant au total au moins vingt occurrences sur vingt-quatre, peut pourtant passer pratiquement inaperçu lorsque des groupes plus brefs, plus rapprochés, de consonnes, ou pour une oreille plus sensible à ce second type de phonèmes, prennent le pas et accaparent l'attention :

Ex. 28 :

Mais que ta bouche est belle en ce muet blasphème !

         <u>b   l</u>   s   <u>bl</u>   s   1.1

è   e a ou è   è an e uè a è   A

Ô semblable! Et pourtant plus parfait que moi-même

```
  s  bl bl
       l       p   r    pl   p  r                                    1/2.2.
  an  a  é        ou  an    u   a è    e   a   è
```

Le deuxième des trois vers 34–36 présente une *imbrication*
qui lui donne le rôle de vers de transition entre le premier
vers, dont l'euphonie est consonantique, et le suivant, fondé
essentiellement sur une mélodie vocalique :

Ex. 29 :
Des cimes, l'air déjà cesse le pur pillage;
```
 d   s m   l  r d j  s s   l   p r p                                    1.
```

La voix des sources change, et me parle du soir;
```
      d   s  rs  (ch) j      m   p rl  d   s   r
                (j)
  a  a   è  ou  e    an   é   e   a  e                                  A/1
```

Un grand calme m'écoute, où j'écoute l'espoir.
```
                       (t)  l  sp   r
                       (d)              j.m
      an    a  e   é ou    ou  é ou e  è  wa
```

Ce troisième vers possède, en fait, les deux consonnes *j* et *m*
que j'ai portées en *diminution* (pp. 145-6[1]) sous la barre du
groupe, et la confirmation de l'altération du *d* en *t* par la
répétition du même verbe «*écoute*»; mais pour l'inclure dans
l'euphonie consonantique des deux vers antérieurs, il faut
ajouter la variation *g* (ou son altération *k*) confirmée d'ailleurs par la triple répétition du *k* :

Ex. 30 :
Un grand calme m'écoute, où j'écoute l'espoir
```
  gr    (k) lm   m (k) (t)    j (k) (t) l  sp  r
  +     +       +  (d)      +  (d)
```

*

Sans prétendre être exhaustif, il m'a semblé nécessaire de présenter, comme synthèse, en quelque sorte, de plusieurs phénomènes que nous venons de voir, mon analyse des vers 48–55 :

Ex. 31 :

Oh douceur de survivre à la force du jour
<u>d</u> <u>c</u> <u>r</u> <u>d</u> <u>s</u> <u>r</u>   <u>d</u> <u>(j)</u> <u>r</u>   1.1.1.
                                          (s)

                   <u>rv</u> <u>vr</u>   <u>f</u> <u>r</u>   2.2.

        <u>d</u> <u>s</u> <u>rv</u>   <u>f</u> <u>rs</u> <u>d</u>   3.3.

Quand elle se retire enfin rose d'amour
         <u>s</u> <u>r(t)r</u>   <u>f</u>   <u>r (z)</u> <u>d</u>   3
           (d)   *(s)* <u>d</u>

   <u>t</u> <u>l</u> <u>s</u> <u>r</u> <u>t</u> <u>r</u>   4

Encore un peu brûlante, et lasse, mais comblée
          <u>r</u> <u>l</u> <u>t</u>   <u>l</u> <u>s</u>   <u>m</u>   <u>k</u>   <u>bl</u>   4.5.
              <u>an é</u>   <u>a</u> <u>e</u>   A

Et de tant de trésors tendrement accablée
   <u>d</u> <u>t</u>   <u>d</u> <u>tr</u>   <u>r</u> <u>t</u> <u>dr</u> <u>m</u> <u>(t)</u> <u>k</u>   <u>bl</u>   6.6.5

<u>é</u> <u>e</u> <u>an</u>   <u>e</u>   <u>é</u>   <u>en</u> <u>e</u> <u>en</u> <u>a</u>   <u>a</u> <u>é</u>   AA
                (-a)

Par de tels souvenirs qu'ils empourprent sa mort
  <u>r</u> <u>d</u> <u>t</u>   <u>z</u>   <u>p</u> <u>rpr</u>   <u>s</u>   6.7.7.

   <u>t</u> <u>l</u> <u>s</u> <u>v</u> <u>n</u> <u>r</u> <u>k</u> <u>lz</u>   8

          <u>i</u>   <u>i</u> <u>an</u> <u>ou</u>   <u>e</u>   <u>a</u>   <u>ô</u>   B

Et qu'ils la font heureuse agenouiller dans l'or
  <u>k</u> <u>l</u> <u>l</u> <u>(f)</u> <u>t</u>   <u>r</u> <u>(z)</u> <u>(j)</u> <u>n</u>   8
      (v)   *(s)(s/z)*

              <u>a</u> <u>e</u> <u>ou</u> <u>(é)</u>   <u>an</u>   <u>ô</u>   B
                    (i)

Puis s'étendre, se fondre, et perdre sa vendange
  <u>s</u> <u>t</u> <u>dr</u>   1
      <u>dr</u> <u>s</u> <u>f</u> <u>dr</u>   <u>rdr</u> <u>s</u> <u>(v)</u> <u>d</u>   3.3.
                                (f)

                     <u>e</u> <u>a</u> <u>an</u> <u>an</u>   C

Et s'éteindre en un songe en qui le soir se change
  <u>s</u> <u>t</u> <u>dr</u>   <u>s</u> <u>j</u>   <u>s</u> <u>ch</u> <u>j</u>   1.9.9.

                <u>e</u> <u>a</u>   <u>e</u>   <u>an</u>   C

157

On se souvient que Paul Valéry avait déclaré à Jean
Latour, à propos de ces vers :

Les huit vers que vous citez là [...] sont très précisément ceux qui
m'ont coûté le plus de travail et que je considère comme les plus parfaits de tous ceux que j'ai écrits, je veux dire les plus conformes à ce
que j'avais voulu qu'ils fussent, assouplis à toutes les contraintes que je
leur avais assignées. Notez qu'ils sont, par ailleurs, absolument vides
d'idées et atteignent ainsi à ce degré de pureté qui constitue justement
ce que je nomme *poésie pure.*

Ce commentaire célèbre n'est pas, on le savait, à prendre
au pied de la lettre. Ces huit vers ont un sens, et même un
double sens : l'endormissement d'une femme après l'amour,
associé à un coucher de soleil. D'ailleurs, Valéry corrigera
cette idée de «poésie pure», qui a été exagérément comprise
comme l'idéal d'une poésie privée de sens (mouvements comme
le surréalisme, le dadaïsme, Isidore Isou, le lettrisme, et l'ou-
vroir de littérature potentielle : «oulipo») et où les mots
seraient livrés au seul jeu des sons qui les composent. Valéry
a préféré corriger cette notion de pureté, qui suppose l'exclu-
sion de tout ce qui est «mélange», par celle de «*poésie absolue*», laquelle, au contraire, suppose l'équilibre entre les éléments distincts :

[...] un poète, un véritable poète [est] un homme pour qui les sons du
langage ont une importance égale (*égale, vous m'entendez bien !*) à
celle du sens [...]   («Le Bilan de l'intelligence», *V*; I, 1079)

Mieux vaudrait, au lieu de *poésie pure*, mieux vaudrait, peut-être, dire
poésie absolue, et il faudrait alors l'entendre dans le sens d'une recherche des effets résultant des relations des mots, ou plutôt des relations des résonances des mots entre eux, ce qui suggère, en somme, *une
exploration de tout le domaine de la sensibilité qui est gouverné par le
langage.*   («Poésie pure. Note pour une conférence», *V*; I, 1458)

D'un autre côté, notre analyse nous permet de remarquer
que la partie euphonique de ces vers est essentiellement cen-
trée sur des séries consonantiques : au nombre de neuf,
contre trois vocaliques seulement (deux desquelles à base des

rimes antécédées, c'est-à-dire développant les suggestions de cet élément de la prosodie classique). Dans la construction «musicale» de ses vers, Valéry m'apparaît ici comme peu sensible à l'euphonie vocalique : ce sont les structures consonantiques qui, tendant à se reproduire, forment le «squelette» des mots à venir[9].

C'est ainsi que le poète extrait des mots déjà retenus du vers précédent les éléments phoniques qui vont engendrer le vers à venir. Au Cahier IV (886), Valéry note, à propos, justement, du Narcisse :

Celui qui compose use d'un étrange moyen. Il trouve une amorce, et il le répète, le répète, comme s'il essayait de se souvenir de la suite encore à naître. Il fait inconsciemment comme si le problème était résolu. *Il n'y a pas d'autre méthode.* Supposer le problème résolu, le poème achevé. L'écouter avant sa naissance. Tendre l'oreille pour le faire parler. Ce qui est trouvé devant faire trouver encore...

Et encore, au Cahier XX (676), je note cette confirmation :

Le vers ne peut exister que si les éléments auditifs se succèdent d'assez près pour que le suivant soit *comme effet* du précédent et comme produisant *attente* du prochain. Chaque élément accomplit, satisfait d'une part, et demande de l'autre.

Pour ne pas allonger démesurément cette étude, je passe sur les douze vers (256–264) que je pourrais également détailler (toujours à titre d'exemple, car il y a bien d'autres passages denses en «fugues» euphoniques de cette sorte). On y voit que les séries vocaliques égalent en nombre et en longueur les séries consonantiques : donc, l'euphonie «pure» y est plus dense et plus complète.

Mais il me semble intéressant de présenter justement la contre-épreuve : c'est-à-dire au moins un passage de huit vers (301–308) dont les quatre premiers offrent une assez forte densité de structures simples, chevauchantes ou imbriquées, et où les quatre suivants ne proposent pratiquement aucune structure décelable :

Ex. 32 :

L'arbre aveugle vers l'arbre étend ses membres sombres
l rbr v v r l rbr s (m) br s br   1.1.2.2.

Et cherche affreusement l'arbre qui disparaît
d sp r   3/A

e an a e i i a è

Mon âme ainsi se perd dans sa propre forêt
m s s p r d s pr pr f r   3.3

(-d)   4/A

i e è an a (ô) e (ô)ê

Où la puissance échappe à ses formes suprêmes
p s s p s f rm s pr m   5.5.5.

(-d)   A/4

a i an(é) a à è (ô) e

L'âme, l'âme aux yeux noirs, touche aux ténèbres mêmes
(l m l m) z n r t ch t n br m m
â e â o yeu wa ou o é è è e

Elle se fait immense et ne rencontre rien
l s f t m s n r k tr r
(è e e è) i an é e an on e yin

Entre la mort et soi, quel regard est le sien !
tr l m r s k l r g r l s   6.6.

an e a ô é wa è e a è e yin   BB

Dieux ! de l'auguste jour le pâle et tendre reste
d d l g st j r l p l t dr r st
yeu e o u e ou e a é a e è

La cassure entre les deux mouvements est d'autant plus sensible que la syntaxe accuse ici même un changement de proposition, et le sens un changement de ton. Il me semble que, dans cette seconde phase, Valéry s'est laissé conduire à une réflexion philosophique sur la mort, réflexion que manifestent les mots comme «*l'âme* (répété) - *la mort - soi - rien - immense - ténèbres*», etc. En conséquence, son esprit — ou

160

plutôt son « oreille » intérieure, a été littéralement dis-traite ; sa sensibilité euphonique a cédé le pas à l'apport sémantique (réussi ou non, peu importe ; ce qui importe, c'est l'intention, et c'est le résultat). Dans des passages comme celui-ci, le poète s'est, en quelque sorte, pris à son propre piège : il a laissé aux mots, aux « idées » qu'ils charrient, une valeur propre, isolable ; et, en conséquence, les combinaisons phoniques ne se sont pas produites. La poésie philosophique, c'est, en quelque sorte, la poésie, pure de toute combinaison phonique, réduite à la métrique et à la prosodie classiques. Dans les « Fragments des mémoires d'un poème », le poète affirmait pourtant :

> Ma première et très courte pratique de l'art des vers m'avait accoutumé à disposer des mots, et même des « idées » comme des moyens, qui n'ont que des valeurs instantanées, des effets de position. Je trouvais idolâtre de les isoler de leur emploi local, d'en faire des difficultés quand on venait de s'en servir familièrement. Mais la métaphysique exige que l'on s'attarde sur ces passerelles de fortune. « Qu'est-ce que le temps ? » dit-elle, comme si tout le monde ne le savait fort bien. Elle se répond par des combinaisons verbales. Il me paraissait donc plus... philosophique de s'intéresser sans façon et sans autre détour à ces combinaisons elles-mêmes. Le *faire* remplace alors un prétendu *savoir* et le *vrai* se hausse au rang d'une convention bien appliquée.   (I, 1478)

Là encore, ces huit vers ne sont offerts qu'en exemple. Il y aurait lieu, dans un cadre plus vaste, d'étudier plus en détail chaque vers du poème, chaque passage de l'euphonie au silence, et même les passages, brusques ou graduels, où l'euphonie reprend ses droits (par exemple aux vers 186 à 196) ; et, dans celle-ci, avec quel équilibre, ou quelle dominance, des séries vocaliques ou consonantiques, et pourquoi ?

*

Je vais proposer trois types de conclusions. En réfléchissant sur notre titre de départ, c'est-à-dire « Architecture et Musique », titre dont le premier terme s'appliquait à ma première partie, et le second aux deux autres parties, il me semble que l'on peut faire de l'architecte le portrait suivant : l'architecte est un homme qui planifie, dans le sens fort, c'est-à-dire qu'il commence par dessiner un plan. Avant même de prendre contact — si jamais il prend contact lui-même — avec la pierre, le mortier, ou d'autres matériaux. L'architecte, c'est un intellectuel. C'est un homme qui conçoit des formes avant d'utiliser la matière. Je passe évidemment sous silence une certaine expérience personnelle, une connaissance vécue de la résistance, du poids des matériaux, etc. D'autre part, l'architecte est un homme qui manifeste une intention constante et délibérée. Il ne se laisse pas influencer par quelque accident de la matière, comme le sculpteur devant un nœud du bois ou une veine du marbre ; il a pour mission de construire un édifice qui aura une finalité, un usage, une fonction pratique, avec des exigences de solidité, d'habitabilité, d'acoustique, etc. qui passent devant les préoccupations esthétiques pures. La finalité de l'architecte est donc pratique.

Le musicien, je crois, avec et malgré toute sa science, est plus susceptible de se laisser porter par une sorte d'inspiration : il est prêt à accueillir des formules qui «chantent» en lui. Et aussi, le musicien, comme l'homme qui danse, comme le poète, est quelqu'un qui manifeste une certaine gratuité dans sa création, sans finalité exigible : tout au moins dans notre conception occidentale du XXᵉ siècle. Le musicien ne «marche» pas vers un but ; il «danse» ; alors que l'architecte, lui, va vers un but ; parfois en dansant.

Ainsi, me semble-t-il, il faut distinguer, dans l'approche d'un poème, trois niveaux. Le premier concerne ce que le poète *a voulu* faire ; c'est-à-dire son intention. C'est ce que j'ai tenté dans ma première partie, où l'on a vu que, si le poème n'était pas né d'un plan préalable, du moins une intention avait présidé au rassemblement des matériaux — au réemploi des corps de bâtiments — déjà en place, pour les intégrer dans une unité déchiffrable, et apparente (au sens positif du terme). Cela correspond donc à «l'architecture». C'est le rôle de l'analyse et de la stylistique classiques.

Le deuxième niveau est celui que j'appellerais la « conscience d'accueil ». C'est-à-dire la disponibilité que présente le poète — et le musicien — pour accueillir des formules qui se présentent à son esprit et dont il prend conscience, et qu'il conserve avec bonheur. Mais il ne les a pas, réellement, cherchées. Ou, s'il a cherché quelque chose, il n'est pas rare qu'il ait « trouvé » autre chose ; qu'une autre solution se soit présentée à son esprit, et qu'il l'aura « cueillie au vol ». Il y a donc là, déjà, « quelque chose » qui échappe à la volonté créatrice, mais pas à la conscience qui fait un choix parmi tout ce qui se présente à elle, et élimine.

Enfin, dans un niveau plus profond, qui correspond aux structures plus complexes que je viens de présenter, et qui représentent en quelque sorte les « nœuds » ou les « veines » du langage, le poète est comme physiquement en contact, en « harmonie » avec ces suggestions, ces inspirations euphoniques, comme le vrai sculpteur « sent » la forme future autant et plus qu'il ne la voit, et la devine à partir de la forme déjà ébauchée. Ces structurations spontanées du langage, Jakobson les appelle « subliminales » pour signifier qu'elles échappent au niveau de la conscience, non seulement de la conscience délibérée, mais aussi de la simple conscience « d'accueil ». Avec ces deux derniers niveaux, nous ne sommes plus dans le domaine de la stylistique, mais dans le domaine de la linguistique.

La deuxième idée sur laquelle j'aimerais conclure sera une réflexion sur l'inspiration. Je pense que malgré les nombreux textes où Valéry manifeste une volonté de dominer les mécanismes poétiques — et, ce faisant, de dominer le lecteur de poèmes — le poète est, en fait, tourmenté par l'expérience qu'il a que de nombreuses « réussites » se soient proposées, voire imposées à lui, *sans qu'il sache pourquoi*... Il a lui-même souvent avoué qu'il commençait un poème par des rythmes, ou des formules vides : il sentait des puissances d'expression monter en lui ; il se refusait à l'idée d'« inspiration » venue on ne sait d'où ; ses réflexions linguistiques ont rarement dépassé, sur ce plan, le niveau stylistique ; et nous savons qu'il a été fort déçu par les recherches des phonéticiens de son temps...

Mallarmé, lui, aurait voulu appréhender l'Absolu au moyen d'un art tellement pur qu'il devait, à la limite, se passer de tout moyen matériel (la poésie pure, pour Mallarmé, comme le dira pour sa part l'abbé Bremond plus tard, c'est la poésie... sans les mots). Mais, pour Valéry, le cas est différent. Valéry ne cherchait pas l'Absolu, ni même la poésie : il était possédé par les mots, par les rythmes, et notait leurs apparitions en se disant que quelqu'un leur trouverait bien un jour au moins un sens. Il était la Pythie.

Devant les vers qu'il écrivait, Valéry a eu, de plus, et surtout, une attitude pleine de curiosité : il les a observés s'écrivant en lui ; il a essayé d'en écrire de différents ou de semblables pour tenter de découvrir le secret de leur naissance, la source de leur pouvoir, afin de s'approprier cette même puissance... L'artiste, comme la Pythie, reste un être dépossédé de son Moi par une force qu'il ne domine pas ; et, devant l'œuvre seule, en l'absence de son auteur, et désertée par lui, l'exégète reste incapable de remonter au moi profond de l'artiste : comme le promeneur sur la plage qui découvre un coquillage reste incapable de *connaître* l'être qui l'a élaboré[10].

En quelque sorte, il me semble que Valéry, en repoussant l'idée romantique d'une inspiration d'origine « divine », a déplacé le problème sur le terrain métaphysique, qu'il affectait, par ailleurs, de ne pas prendre au sérieux. En proposant d'analyser *dans le langage* les formations naturelles, spontanées, susceptibles de donner telle ou telle direction ou impulsion aux mots et, par là, aux images et aux idées du poète, il me semble que l'on offre au chercheur un terrain plus ferme et un ensemble de matériaux plus concrets à partir desquels organiser une réflexion valable.

Quant à ma troisième et dernière conclusion, elle consistera en une comparaison entre ce que j'appellerai l'euphonie « horizontale » et l'euphonie « verticale ». Par euphonie « horizontale », je comprends mes travaux publiés et les résultats acquis de mes recherches qui portent essentiellement sur l'euphonie du vers isolé. Nous savons donc que cette euphonie obéit à une loi des retours des groupes de phonèmes, compte non tenu de la place de ceux-ci dans le groupe ni par rapport aux structures de niveaux périodique, métrique et proso-dique, que sont les syllabes, les mètres et les rimes. Le vers, se repliant en quelque sorte sur lui-même, mais sans aucune symétrie, ni spéculaire, ni parallèle, se présente comme *une équation* dont les termes d'un groupe équivalent ceux du groupe opposé. Comme le dit Roman Jakobson : « *En poésie,* [...] *la séquence phonologique* [...] *tend à construire une équation* »[11].

Avec la présente étude, je me suis attaché à reprendre l'analyse d'un vers, tantôt hors de son contexte, tantôt avec l'environnement des vers précédents ou postérieurs. Dans ce dernier cas, on s'aperçoit alors que des phonèmes qui n'en-traient dans aucune combinaison horizontale (et même fai-saient figure de «fausse note», ou de «note» de passage, ou d'altération), brusquement comparés à leur environnement à la fois horizontal et vertical, «entrent en résonance»; ils par-ticipent à la formation du premier groupe d'une série dont le groupe en écho n'apparaît que dans le vers suivant. Voici donc deux vers qui, pris séparément, n'étaient pas eupho-niques et qui présentent désormais au moins un lien conso-nantique ou vocalique. Parfois les deux. On assiste alors à des chevauchements, à des imbrications, des enchevêtrements, ou à des «fugues», c'est-à-dire à des figures où une série d'une certaine nature est relayée par une autre; où encore les interférences des groupes, même sans imbrications, proposent toutes les figures oscillatoires (que j'ai étudiées en leur temps à propos de deux phonèmes à occurrences multiples).

Mais cette étude verticale a aussi un double avantage. Elle permettra de mieux apprécier ce qui, dans un ensemble de mots, dans un vers, retient le plus l'attention du poète : la mélodie vocalique, ou le squelette consonantique? Et aussi, il y a des moments où l'euphonie s'essouffle, s'arrête, même si les mots continuent à s'aligner, à former des périodes, des nombres, des rimes. À ce moment, nous savons que le sens l'emporte sur le son, le cerveau du poète prend le pas sur son oreille. Et puis, brusquement, un beau vers « horizontal » peut éclater dans cette médiocrité sonore. Là, nous disons que le poète a marqué un temps d'arrêt. Ce vers est un renouveau, un retour, une résurrection de l'inspiration « poétique »; un nouveau départ. Ces remarques, appliquées aux « *Fragments du Narcisse* », nous permettront de discerner très exactement, à cause même de ces coupures brusques, les morceaux des poèmes, composés à des moments différents et qui ont été raccordés pour constituer notre poème.

Cela n'empêche pas le contraire : que d'un vers purement « sémantique », et vide « horizontalement » d'euphonie, naisse un second qui, séparément, serait aussi peu mélodique, mais qui fait merveilleusement écho à la forme de celui qui était là, placé d'abord à cause du sens, des sens des mots confrontés. Ainsi, que ce soit dans la perspective de deux vers « horizontalement » euphoniques et euphoniquement jumeaux, ou d'un second vers faisant euphoniquement écho à un précédent d'intérêt uniquement sémantique, il me semble que, dans les deux cas, mon étude permet de jeter une clarté nouvelle sur la très célèbre réflexion de Valéry : « *Les dieux, gracieusement, nous donnent* pour rien *tel premier vers; mais c'est à nous de façonner le second,* QUI DOIT CONSONER AVEC L'AUTRE *et ne pas être indigne de son aîné surnaturel.* » (« Au sujet d'Adonis », *V*; I, 482).

1. *Système euphonique et rythmique du vers français* (Paris, Klincksieck, 1974).

2. Paul LANDORMY, *Histoire de la musique* (Paris, Mellottée, 1942), p. 213.

3. Cf. Georges MOUNIN, *Clefs pour la linguistique* (Paris, Seghers, 1968), pp. 94–6.

4. « *En général, on tente "d'exprimer sa pensée" c'est-à-dire de passer d'une forme* impure *et mêlée de tous les moyens de l'esprit, à une forme* pure, c'est-à-dire seulement verbale, *et organisée, qui se réduise à un système d'actes, ou de contrastes arrangés.* [§] *Mais l'art poétique conduit singulièrement à envisager les formes pures en elles-mêmes.* » (*V*; I, 1451).

5. Maurice GRAMMONT, *Le Vers français, ses moyens d'expression, son harmonie* (Paris, Delagrave, 1937), p. 391.

6. *Langage et versification d'après l'œuvre de Paul Valéry* (Paris, Klincksieck, 1953), p. 77 sq.

7. Voir ma communication au Colloque du centenaire de Paul Valéry à Strasbourg, p. 394 in *Paul Valéry contemporain* (Paris, Klincksieck, « Actes et colloques » 12, 1974).

8. Michel PATILLON, *Précis d'analyse littéraire - 2 : Décrire la poésie* (Paris, Nathan, 1977), pp. 61–71.

9. «[...] *nous observerons que la* figure *des mots, cette figure articulée qui est en quelque sorte construite ou dessinée par les* consonnes *est rigoureusement, beaucoup trop rigoureusement, formée par toutes ces bouches selon la criminelle orthographe.* » (*V*; I, 1078).

10. «[...] *je me mets en peine de rechercher à quoi nous reconnaissons qu'un objet donné est ou non* fait par un homme ?
    [...]
    Le problème, après tout, n'est ni plus vain, ni plus naïf que celui de discuter ce qui a fait un bel ouvrage de musique ou de poésie ; et s'il nous naquit de la Muse, ou nous vint de la Fortune, ou si ce fut le fruit d'un long labeur ? Dire que quelqu'un l'a composé, qu'il s'appelait Mozart ou Virgile, ce n'est pas dire grand' chose ; cela ne vit pas dans l'esprit, car ce qui crée en nous n'a point de nom ; ce n'est qu'éliminer de notre affaire tous les hommes moins un, dans le mystère intime duquel l'énigme intacte se resserre... » (« L'Homme et la coquille », *V*; I, 892).

11. R. JAKOBSON, *Essais de linguistique générale.* Trad. N. Ruwet (Paris, Minuit, 1963). Quatrième partie : « Poétique », p. 238.

7

SUR *AMPHION*

par HARTMUT KÖHLER

[...] et d'Amphion aussi, fondateur de la ville de Thèbes, on a dit qu'il remuait les pierres au son de la lyre et, par la douceur caressante de sa prière, les conduisait où il voulait :

Dictus et Amphion, Thebanae conditor urbis,
saxa movere sono testiculis et prece blanda
ducere quo vellet.

Dans un colloque sur architecture et musique, il fallait bien que quelqu'un eût l'audace et la naïveté de dire quelque chose sur Amphion. Amphion bâtisseur musicien, au dire d'Horace et du mythe grec, mythe dans lequel Valéry unissait avec délice ses deux plus chers rêves esthétiques, les deux violons d'Ingres de son esprit. Cependant, parler d'Amphion n'était pas chose facile, et cela pour deux raisons : sur le côté littéraire et aussi esthétique, tout semblait être dit et bien dit ; sur le côté musical, que dire sans l'appui de la musique de Honegger qui aurait pu d'ailleurs parler pour elle-même ?

J'ai donc pris le parti de m'embarquer dans deux directions : me plonger dans la partition, et partir à la recherche d'un enregistrement de l'œuvre.

Amphion a été représenté à l'Opéra de Paris le 23 juin 1931, dans la traduction anglaise de Edward Agate le 13 juillet de la même année à Covent Garden et le 14 juin 1933, dans la version allemande de Walter Klein, au Théâtre municipal de Zurich, avec Alexander Moissi dans le rôle d'Amphion. Une représentation concertante a été donnée le 14 janvier 1932 à l'Université des Annales. Depuis, la lyre d'Amphion, pouvait-on croire, s'était tue. Chose surprenante, pour moi et sans doute pour la plupart d'entre vous : *Amphion* a été repris trente ans plus tard, dans le cadre d'un Festival Honegger, le 20 mai 1962 par le Théâtre municipal de Bâle, direction musicale Hans Willi Haeusslein, mise en scène et chorégraphie Waclaw Orlikowsky, Amphion Dieter Christensen (Cf. : Honegger-Fest in Basel, Programmheft, ed. Hans Oesch, Bâle 1962). Selon les renseignements que j'ai pu avoir, il n'en existe pas, malheureusement, d'enregistrement radiophonique, ni sans doute d'aucune autre représentation.

De son œuvre, Honegger a tiré une version abrégée pour orchestre sous le titre *Prélude, Fugue, Postlude*, qui a été créée le 3 novembre 1948 à Genève, par Ernest Ansermet et l'Orchestre de la Suisse romande. Là, deux enregistrements existent, pour autant que j'aie pu le savoir : un sur bande magnétique, dans une interprétation du même Ernest Ansermet et de son orchestre, enregistrée le 17 mai 1961 et déposée au Studio Lausanne de la Société Radiophonique Suisse ; l'autre sur disque (Columbia 33 FCX 264, déposé en 1954) dans une interprétation de l'Orchestre de la Société des Concerts du Conservatoire, dirigé par Georges Tzipine. Ce disque se trouve à la Phonothèque Nationale à Paris. Il est aussi rare que l'est la courtoisie de Paul Sacher, chef d'orchestre et ami de longue date de Honegger, qui a bien voulu me permettre de faire une copie de l'exemplaire qui est en sa possession. Voici donc que je puis vous offrir la combinaison d'une lecture fort imparfaite de la partition intégrale avec une audition partielle d'une œuvre de grande qualité. Cet extrait constitue la dernière partie de l'œuvre ; avec une durée de onze minutes il représente un quart environ de la composition. Je serais heureux, quant à moi, de pouvoir vous faire partager mon impression qui est que cette œuvre mérite mieux que le très faible intérêt qu'on lui porte et qu'elle a sa place aux côtés, sinon au-dessus de mainte autre œuvre de l'époque, souvent bien plus familière au public, comme *Le Baiser de la Fée*,

Apollon Musagète (avec quoi on a voulu lui voir une parenté, à tort), *Perséphone* de Stravinsky ou *Les Enchantements d'Acline* de Georges Auric.

J'ajoute que parmi les ouvrages critiques, il y en a deux que j'ai consultés avec profit : pour l'analyse musicale, le livre de Willy Tappolet (Neuchâtel, À la Baconnière 1939)... à la réserve près que l'adaptation française n'est pas toujours satisfaisante ; pour les problèmes littéraires et scéniques, l'excellent chapitre de la thèse de Huguette Laurenti.

Lors du Festival de Bâle, *Amphion* a été joué dans la même soirée qu'*Antigone*. Idée peut-être un peu trop facile : car si Amphion a élevé les murs de la ville de Thèbes, c'est bien Antigone, après tout, qui les a fait vaciller... Encore fallait-il ce très puissant génie de synthèse qu'avait Honegger pour, à deux ans d'intervalle, mettre en musique — toujours la sienne ! — un texte de Jean Cocteau et un de Paul Valéry. Pour ensuite se tourner successivement vers Pierre Louÿs (*Les Aventures du Roi Pausole*), Paul Claudel (*Jeanne d'Arc au bûcher, La Danse des Morts*), Edmond Rostand (*L'Aiglon*), Denis de Rougemont (*Nicolas de Flue*) et j'en passe...

Donc, Amphion ou la double naissance de la musique et de l'architecture. Valéry nous déclare avoir soumis le compositeur « *à cette redoutable exigence : qu'il doit traiter toute la première partie avec un minimum de moyens* [...] *presque point de musique dans une première phase et toute la musique dans la deuxième* » (« Histoire d'Amphion » ; II, 1283). Le compositeur s'est tiré d'affaire par un habile et noble artifice. Sans céder à la tentation de rechercher, pour la période antémusicale, des effets historisants, un coloris Grèce ancienne, il a projeté, peut-on dire, en gros, la structure du diptyque avant / après sur le modèle moderne et général prélude / fugue. Il aurait sans doute été malaisé d'écrire toute la première partie rien qu'avec des bruits amorphes. Cette partie est bien déjà *composée*, mais en l'absence justement des grands principes constructeurs découverts postérieurement : gammes, contrepoint, polyphonie. En plus y avait-il ceci de propice qu'Apollon et ses muses, eux, avaient la musique de tout temps et pouvaient donc sans gêne en remplir les sphères avant que le mortel ne la reçoive en partage. C'est d'ailleurs en rêve que le don divin est annoncé à celui-ci, chose qui justifie d'une autre façon le surgissement de tons proprement inexistants encore. Il faut, enfin, nuancer encore l'idée de diptyque, car après le réveil d'Amphion, c'est d'abord un grand récitatif parlé où la musique n'a qu'un rôle subordonné. En ce sens, on distinguera une tripartition de l'œuvre : le songe d'Amphion, le monologue d'Amphion, l'*œuvre* d'Amphion, avec un bref épilogue, la disparition d'Amphion.

L'*Harmonie des sphères*, par quoi le livre voulait débuter, sur une «note aiguë et inhumaine», n'a pas été exécutée telle quelle : le son sinusoïdal, il est vrai, n'était pas encore inventé; en 1931, il attendait son Amphion... Le début, chez Honegger, est un bruissement *pp* des contrebasses, joué *col legno*, sous les tenues des cordes aiguës, en harmoniques. Très faibles, naissent quelques sons de la batterie, caisse, tam-tam, triangle; le xylophone ébauche une suite de tons fuyants, vaguement pentatonique, qui se reperd bientôt dans le silence originel ainsi évoqué.

Après quelques mesures de ce bruissement se distingue le monotone *Chant des sources* : voix d'enfants et clarinettes qui se mêlent en évitant tout écart d'intervalle. Des timbales animées et un sourd *marcato* dans les contrebases («quelques traits rauques») annoncent l'entrée d'Amphion sur le point d'égorger un gibier (tout comme Parsifal au moment de son entrée venait de tuer un cygne). Une voix de soprano descendant des hauteurs l'en dissuade : «Laisse la mort aux mains des immortels». Amphion obéit, et, dans un *rallentando* des violoncelles, est conduit à s'étendre et à s'endormir.

L'indistinct bruissement du début reprend, avec le xylophone, pour s'arrêter lui aussi en une longue *fermate*, en laquelle tout a l'air de finir. Impression déjouée par l'entrée des rêves, modérément animés, qui sur un fond murmuré des cordes — *col legno* et *staccatissimo* — d'abord agressent le dormeur avec un inquiétant motif de trombones et un strident passage de trémolos de flûtes, qui le cajolent ensuite avec d'amoureuses arabesques des cordes en sourdine, traversées par une sonore descente en tons entiers de la harpe et de la contrebasse.

L'apparition des Muses qui s'appellent les unes les autres et se présentent *mezza voce* (Muses de la *Prévision*, de la *Mémoire*, de la *Combinatoire* et de la *Sensibilité*, comme les a bien déterminées Huguette Laurenti (p. 435)) s'accompagne d'un doux air chromatique de hautbois. Chose saisissante : cette mélodie, qui sera reprise à la fin de la pièce, n'a rien d'abstraitement immortel, elle est déjà toute pleine de compassion pour Amphion. Dans leur chant font tout aussitôt irruption les motifs, l'un menaçant, l'autre érotique, des rêves dont il s'agit pour elles de «dissiper le désordre». Dans un bref combat, marqué par une accélération des cordes en *staccato*, elles en libèrent le dormeur.

Une brève partie de chœur à deux voix, suivie d'un thème harmonieux confié successivement à la flûte et au hautbois, introduit l'*Épisode liturgique*. Celui-ci est écrit dans le style «pompeux» largement en usage chez Lulli, Couperin, Rameau et Händel (TAPPOLET, p. 228), c'est-à-dire un rythme de croches pointées aux intervalles espacés, que les cordes maintiennent tout le long du morceau, pendant que les Muses, en chant alterné, officient «dans une forme solennelle» autour d'Amphion pour en quelque sorte le préparer à l'apparition du dieu Apollon. Le rythme pointé est contrebalancé par une mélodie étendue d'un saxophone alto, instrument qui souvent encore contribuera à la sonorité particulière de notre pièce.

La dernière phrase que prononcent les Muses : « *Qu'il écoute l'abîme !*» (I, 171) tombe dans un silence lourd d'attente. Un bref tonnerre de timbales — et c'est, tout isolée, la voix d'Apollon (un baryton) qui appelle l'Élu : «*Am-phi-on*». Les Muses prosternées profèrent le nom d'Apollon, suivies des Échos en quartes et quintes descendantes. Les quatre Muses s'unissent alors dans le *Psaume de la lumière* : «*Je te salue au sein de la parfaite nuit* », où Honegger, sur un même rythme psalmodiant, mène les quatre voix en parallèle, dans des accords de septième et de neuvième.

D'un mouvement deux fois plus rapide, le chœur, à l'unisson et sur un rythme violemment scandé, appelle la foudre d'Apollon sur la tête de cet insigne mortel, « *Comme le pur soleil frappe au sommet du mont* » (I, 171). Apollon, dans un vaste et noble récitatif, proclame alors (dans des vers presque claudéliens) qu'il a choisi Amphion « *Comme choisit l'amour, / Comme une cime est choisie de la foudre* » (172). Le récitatif s'accompagne d'abord de graves cors, puis de la harpe et du célesta, au moment où il est question de la remise de la lyre, « arme prodigieuse ». À tout danger de monotonie, l'habile compositeur de musique de scène qu'est Honegger pare en serrant petit à petit le tempo et en enrichissant progressivement la palette orchestrale sans opposer toutefois aucune ligne sonore décelable à la voix du dieu qui culmine dans un grand crescendo sur les paroles : « [...] *que tes mains vers moi s'élèvent / Pour m'offrir ce que j'ai créé !* » (173). Harmoniquement, toute l'intervention d'Apollon s'articule à l'orchestre par un passage d'accords répété sept fois, d'un accord de neuvième de la dominante sur *mi* bémol, en passant par un accord difficilement qualifiable en termes d'harmonie tonale classique (*mi* bémol, *sol* bémol, *si, ré, fa, la*), à un accord de septième sur *fa*. C'est là du meilleur Honegger, même si ces harmonies-là — et c'est dommage — « datent » un peu pour nos oreilles à nous (ce sera d'ailleurs sur cette même suite d'accords répétée dans la deuxième partie que commencera l'extrait symphonique que vous allez entendre).

Changement de registre avant la clôture de cette première partie du « mélodrame » : en un *dolce sostenuto* Apollon avertit ses muses que pour Amphion, il ne sera plus de bonheur personnel : « *Il ne vit que pour moi* » (I, 173). Prémonition, ici, de la fin du deuxième « acte » : le mortel Amphion, appelé à une tâche supérieure, la fondation de l'ordre, est ici haussé au-delà de la condition mortelle ; sa tâche accomplie, ce ne sera pas l'immortalisation qui l'attend, mais — après, certes, les ovations terrestres — la solitude et la mortalité de ses débuts. Une huitième fois le passage d'accord précédemment décrit est perceptible, transposé d'une tierce, très richement orchestré, très tendrement exécuté, se perdant *smorzando*. Le chœur s'éloigne lentement en exprimant vénération et miséricorde. Les Muses disparaissent, le chant des sources et le xylophone nous ramènent pour quelques instants au début.

Mais Amphion s'éveille. Il commence aussitôt une danse d'une merveilleuse légèreté aux rythmes variés (6, 4, 3, 2, 1, etc.) de la batterie et des cordes graves jouées *col legno*. Au bout d'un moment il aperçoit la lyre, la saisit, la regarde plein de stupeur : la harpe enchaîne doucement quelques tons. Une longue mesure de contemplation muette. Puis c'est la première frappe du plectre. Un son violent, « rauque et puissant », répond qui bouleverse l'apprenti. Il est formé des mêmes tons évoqués tout à l'heure par la harpe, mais réunis maintenant en un massif accord de *sol* mineur et de *la* mineur : bassons, cors, trombones, tuba, batterie, violoncelles et contrebasses se déchaînent — et mettent quinze mesures pour se calmer.

Autre mesure de silence avant qu'Amphion tente un nouvel essai. Le livret veut ici qu'il touche une autre corde pour provoquer un effet contraire, lénifiant, attendrissant. Comment le musicien, maître de son art, s'y prend-il ? Il lui fait produire exactement le même accord de *sol* mineur et *la* mineur, confié cette fois-ci aux harpes, célestas et violons *soli* qui l'exécutent *dolce* et par là font naître aussitôt une très lyrique et amoureuse mélodie de flûte. Un chœur de contralto et de basse prélude *pianissimo* et à bouche fermée (comme dans un passage analogue du *Wozzeck* d'Alban Berg !) à l'appel de la muse — invisible — qui articule le nom : *Am-phi-on* sur les mêmes intervalles que l'avait fait Apollon et qui à la question encore toute rêveuse d'Amphion : « *Qui m'appelle ?* » (I, 175) répond : « *Toi-même !* » ; comme si, d'ailleurs, elle voulait nous donner une leçon d'interprétation du poème de la Jeune Parque qui, elle, abstraction faite de la mission civilisatrice d'Amphion, en est bien l'aïeule par l'esprit et par la chair. (Pendant son rêve, elle est visitée par le dieu, elle s'éveille, « *Son rêve peu à peu lui revient à l'esprit* » (I, 175), elle se relève et invoque le Ciel, etc. On a le droit de rêver à ce que cela aurait pu être : *La Jeune Parque* mis en musique... par Honegger !) Le long récitatif parlé d'Amphion qui suit (le récitatif à la Gluck, ne fut-il pas entre autres à l'origine de *La Jeune Parque* ?) est impossible à reconstituer pour quiconque n'a pas vu la représentation originale ou une autre. Mais il y a la partition qui nous enseigne un grand nombre de choses : la deuxième partie « *Ô voix toute-puissante !* », qui serait plutôt aria que récitatif, est introduite aux cordes par la même suite d'accords qui avait soutenu le récitatif d'Apollon ; là où ensuite Amphion parvient à se rappeler les paroles du dieu (« *AMPHION ! | Je t'ai choisi !...* ») (176), l'orchestre en rappelle la ligne mélodique ; pendant qu'Amphion célèbre le pouvoir de sa « [...] *grande Arme qui donne la vie et non la mort !* », le compositeur, comme jaloux de l'autonomie de la diction, réintroduit petit à petit ses instruments, bois, harpe et célesta ; en outre, aux morts d'Amphion :

> Ai-je sans le savoir,
> Ému la substance des cieux,
> Et touché l'Être même que nous cache
> La présence de toutes choses ?
> Me voici donc plus puissant que moi-même,　　　　(I, 177)

profession de poète trop profondément significative — heureusement — pour être chantée, le compositeur a tout de même tenu à donner un accompagnement sous forme d'un motif doucement esquissé par les cuivres et les bois ; alors que les vers angoissés :

> Égaré dans mon âme et maître autour de moi !
> Et je tremble comme un enfant
> Devant ce que je puis !　　　　(I, 177)

voient une nouvelle intonation, par les cordes, des harmonies d'Apollon ; enfin, pour toute la fin du monologue, quand Amphion déclare vouloir s'exécuter devant la volonté du dieu, le récitant aura de plus en plus à lutter pour se maintenir contre une toujours plus puissante mélodie du saxophone alto et un crescendo d'orchestre qui contribue vigoureusement à célébrer le projet de la Cité à établir, « [...] *déjà toute conçue étincelante | Dans les Hautes Demeures des Immortels !* » (I, 177). C'est approximativement au deuxième passage du monologue, sur les mots : « *Ô voix toute-puissante* » (175), que Honegger fait commencer son extrait symphonique, avec encore quelques omissions par la suite et en remplaçant les voix des chœurs essentiellement par les cuivres.

À partir d'ici, après toutes ces hésitations artificielles imposées par le livret, c'est, dans la troisième partie : « *CONSTRUC-TION* » (I, 178) qui s'ouvre maintenant, la musique qui domine de fait et de droit. Car voilà Amphion qui, en pleine conscience, touche la lyre et produit un *« accord éclatant, aussi riche que les ressources de l'art peuvent le produire » (177). Un énergique *glissando* à la harpe aboutit à un *tutti* de l'orchestre en *fortissimo*. Les matériaux de cet « accord éclatant », c'est — nous nous en doutions — la même superposition de *sol* majeur et de *la* majeur déjà entendue par deux fois : c'est l'orchestration seule qui compte. *« Toute la nature vibre. Les Échos répercutent multiplement cette attaque » — c'est-à-dire que les cordes et les bois répandent en les dissolvant tous les éléments de la double tonalité. Mais sans leur laisser le temps de se disperser, l'orchestre tout aussitôt concentre son effet sur le premier grand exploit d'Amphion en matière d'ordre : la création des gammes. Les cordes, les bassons, les trompettes, entraînant bientôt tous les autres instruments, articulent vigoureusement et dans un chaos à peine éclairé par quelques tonalités directrices, des gammes de tons et de demi-tons qui à des vitesses différentes montent et descendent comme ivres de leur découverte. Quelques lignes mélodiques s'en détachent cependant, un cor, un saxophone se font remarquer, le jeu des voix s'articule contrapuntiquement, s'enrichit et mène à la pièce de résistance de toute l'œuvre, la *Marche des pierres* constituée par une fugue grandiose à quatre voix où l'« honnête artisan » qu'a voulu être Honegger révèle toute la maîtrise de son art. Contrebasson et tuba, violoncelles et contrebasses martèlent les huit mesures du thème de la fugue en noires fortement appuyées, car il s'agit bien de déplacer les blocs de pierre ; les première, deuxième et troisième imitations se présentent avec une finesse de ciselure grandissante de l'une à l'autre correspondant en quelque sorte au dépouillement progressif des contours de l'édifice, du temple d'Apollon. L'entrée de la quatrième imitation d'ailleurs n'est plus guère perceptible, tellement l'émerveillement d'un chœur invisible — où vont ensemble soprano et ténor, contralto et basse — éclate à la vue du miracle, de la « vie effrayante » qui envahit la nature soumise tout à coup à des lois autres que les siennes. À ce moment, le sujet de la fugue lui-même connaît de légères modifications dans le sens de plus de souplesse. Mais dès la fin de cette partie de chœur, il réapparaît intégralement, confié cette fois-ci aux cors, s'associe en strette les autres voix dont la troisième, composée de doubles croches et exécutée par flûtes, saxophone et violons, prend bientôt le dessus pour introduire une nouvelle partie de chœur, celle des « Muses-colonnes », où le librettiste cite le poète (« *Filles des nombres d'or* » (I, 179)). Les quatre Muses cariatides chantent à l'unisson une large et rayonnante mélodie de seize mesures, indépendante de la fugue que l'orchestre continue à faire entendre et à laquelle elle s'intègre pourtant parfaitement. Nouvelle reprise de la fugue seule : un formidable *crescendo* aboutit à un accord total en *sol* dièse mineur et lance en même temps le triomphal *Hymne au Soleil*. Le chœur le chante à l'unisson, l'orchestre se contente des accords d'appui ; pendant les vers :

> Nul ne peut contempler la source de ta force !
> L'insoutenable éclat de la face divine
> Nous dérobe le dieu   (I, 179)

il y joint ses bois à l'unisson. Un dernier éclat *fortissimo* :
« *Ô Soleil, Considère ton Temple* », alors que les instruments
à vent exécutent une triple strette où le sujet de la fugue, en
augmentation, est contrepointé dans les cordes par le contre-
sujet en canon. Puis grand *diminuendo* et calme avant que le
chœur ne se divise pour sa dernière partie, la louange du
constructeur-musicien-nomothète. Mais, intuition admirable de
la part du compositeur : cette louange non seulement est rac-
courcie, quant au texte, à deux lignes, condensée en six
mesures, elle est aussi exécutée très *moderato*, le nom d'Amphion y est proféré trois fois de suite par les voix graves du
chœur sur le même intervalle inquiétant qu'avait utilisé la
voix d'Apollon au moment du premier appel. Tout contribue
ainsi à anticiper musicalement la fin imminente d'Amphion
qui à l'instant même de son apothéose sera rattrapé par son
sort de créature mortelle. En effet, à peine les derniers mots :
« *Monte au trône, monte au Temple* » (I, 180) chantés en un
léger *crescendo*, l'orchestre, modulant en *si* bémol mineur,
retombe en *piano* et sur le mot « *Temple* » même, flûtes et
trompettes en sourdine reprennent l'air chromatique des Muses
du commencement, d'une très grande beauté harmonique en
même temps que d'une mélancolique indifférence. Calmement,
les Muses prennent congé de celui qui a désormais parfait
son ouvrage. La femme voilée qui a fait son entrée lui prend
doucement la lyre et la jette dans la fontaine ; un bref postlude de l'orchestre — saxophone, puis cor anglais — accompagne ces gestes, Amphion « *cache son visage dans le sein de
cette figure* » (181), la clarinette basse seule fait entendre le
*« chant très suave, sombre et comme intime » qui va se per-
dant avec un dernier ton de harpe.

*

Voilà pour l'analyse, dont les longueurs n'excuseront guère
les omissions.

Avec la rencontre de Valéry et de Honegger, le hasard a eu
un de ses grands moments... *Amphion* se situe au point d'inter-

section de deux ensembles esthétiques qui n'avaient que très peu d'éléments en commun : le respect du métier et l'amour de la Construction. Mais c'était suffisant. Contre toute attente. Car l'auteur de *Monsieur Teste* s'était-il intéressé au *Roi David*, à *Judith*, à *Antigone* ? Leur compositeur avait-il apprécié *La Jeune Parque* ou tout au moins « *Le Cantique des Colonnes* », « *Eupalinos* » ? Le Robinson intellectuel, comment s'est-il trouvé en face d'une nature expansive comme celle de Honegger ? La poésie de Valéry, si constamment en quête de la musique, si obstinément se dépassant elle-même — sonorité aussi bien que sémantique — vers une limite idéale qui fût celle de la musique : était-ce cette musique-là à laquelle elle aspirait ? Était-ce une quelconque musique terrestre ? Transposer les questions sur ce plan ne fait qu'accentuer les paradoxes qui prolifèrent ici plus qu'il ne faut pour décontenancer les tenants de la vraisemblance psychologique ou historique. Pourquoi Honegger ? Et non pas Debussy, ni Ravel ? Pourquoi pas, à poète analytique, compositeur analytique ? Mais quand on sait à quel genre de textes Arnold Schönberg, lui, faisait appel, et qu'il ne craignait pas de mettre en musique...

Une bonté constellée d'une triple nature doit, à mon sens, avoir veillé sur la rencontre (comme je ne prétends nullement à épuiser mon sujet, je pourrai me contenter d'en nommer ici les points sans les discuter comme il le faudrait) :

1) La conception de la juxtaposition des arts telle que Valéry la faisait présider à la collaboration a laissé assez de liberté aux différents tempéraments artistiques des participants pour donner toute leur mesure ; toute poursuite de l'idée de *Gesamtkunstwerk* wagnérien, exigeant une fusion intime des principes des différents arts en concours, aurait sûrement été contraignante et préjudiciable. Donc, splendeur du côté de la musique, due à un musicien de génie ; misère du côté de la scène sans doute pour des raisons opposées. Il n'y a pas que Valéry qui, de ce côté-là, se soit heurté à l'inertie des coutumes.

2) Le texte que Valéry offrait à Honegger ne tient, dans son essence, ni à la poésie lyrique ni à la poésie dramatique. Par conséquent, le musicien n'avait à transposer ni sentiments de l'âme ou destin individuel, ni une musique du langage. Cela écartait d'emblée le risque qu'avait formulé Valéry à propos de Mallarmé, en disant que composer de la musique sur des vers équivaudrait à superposer aux couleurs d'un tableau celles d'un vitrail. D'autre part, cela répondait au goût de Honegger pour l'oratorio. Si le rôle du protagoniste fut conçu pour un comédien-danseur, cela tenait sans doute d'abord à Ida Rubinstein, mais les raisons n'en étaient pas seulement accidentelles. Valéry ne voulait pas d'opéra. Et Honegger n'était pas du tout porté à le contrarier sur ce point. Encore peut-on s'étonner qu'il n'ait pas eu de scrupules à faire commencer sa réduction pour orchestre en plein dans le monologue d'Amphion.

3) L'idée d'une pièce liturgique, telle que Valéry — à la suite de Mallarmé — la concevait, dut se trouver en une conformité particulièrement heureuse avec à la fois les sentiments de Honegger croyant et les affinités du compositeur avec Jean-Sébastien Bach. C'est sous les auspices de cette idée liturgique que le vieil antagonisme entre musique expressive et musique spéculative, musique de la *parole* et musique des *lois*, toutes deux présentes dans l'œuvre du musicien, a pu trouver une solution qui satisfaisait aussi les exigences de celui qui constamment étendait la poésie *aux lois mêmes*.

Une considération hypothétique pour conclure. Au tournant décisif de sa vocation, Amphion constate les effets de son « arme mystérieuse » :

> À peine j'effleurai tes cordes d'or
> Par le Dieu durement tendues,
> Ciel et Terre ont frémi !
> [...]
> Me voici donc plus puissant que moi-même.

(I, 176)

Admirable formule du poète, ces mots renferment davantage encore : Orgueil et angoisse de celui qui, sans savoir pour quelle raison et dans quel but, se trouve œuvrer à la transformation de la terre. Les louanges, dans ce constat de 1931, lui sont prodiguées, certes : l'inquiétude n'en est pas pour autant absente. Le compositeur — comme mon analyse s'est appliquée à le souligner au passage — a relevé ce ton, l'a presque renforcé encore. Poète et musicien ont dû s'entendre sur cela sans, dirait-on, en avoir conscience. Dans et par leur œuvre commune, ils ont placé une marque qui permet de lire leur attitude conformément à l'état des choses au moment où ils ont vécu.

Après quarante ans, quarante ans de transformation exacerbée de la terre, ne cherchons-nous pas l'œuvre qui en fasse autant pour nous? En attendant, j'aimerais proposer qu'on joue *Amphion*, peut-être.

MUSIQUE ET ARCHITECTURE
CHEZ PAUL VALÉRY

TABLE RONDE

Le premier problème, évoqué par Jean Levaillant, est d'ordre méthodologique. Le colloque avait fait apparaître plusieurs modes d'approche de la relation du poème avec les deux arts en question, en particulier avec la musique. Parmi les plus originaux se placent sans conteste ceux que proposent les linguistes, qui travaillent dans le détail et serrent au plus près les caractères musicaux de la composition poétique valéryenne. L'apport d'une réflexion philosophique fut aussi extrêmement efficace. Aussi devait-on nécessairement s'orienter vers les multiples interrogations que suscite cette relation, intime et concertée chez Valéry, de la création musicale et de la création poétique.

Tombant d'accord pour souligner les aspects délibérément systématiques du processus de composition propre à l'œuvre valéryenne, les linguistes ne pouvaient cependant que reconnaître, avec Jean Levaillant et Judith Robinson-Valéry, que les effets pertinents de l'analyse la plus fine et la plus poussée s'arrêtaient au seuil de cette « voix perdue », silencieuse et têtue, révélatrice de l'« informe » et de l'indicible, qui filtre à travers les procédés les plus visibles et quantifiables, et sans doute, quoique apparemment bannie, les sous-tend. Valéry lui-même en avait conscience, qui voyait précisément en Wagner le maître suprêmement habile capable de saisir « tout l'homme », et en sa musique une prise de possession totale du « consommateur ». Cette force sourde du chant intérieur, la meilleure analyse peut seulement en approcher, en faire percevoir l'existence à travers les relations harmoniques réciproques du son et du sens.

Plusieurs musiciens, professeurs au Conservatoire National de Musique de Montpellier, participaient à ces débats. L'un d'eux, à ce point de la discussion, évoqua un possible parallèle entre ce que l'on appelle le « poème symphonique » et cette double structure du poème en vers où le « formel » et le « significatif » — pour employer la terminologie valéryenne — sont étroitement imbriqués, même si le premier prétend à la priorité. Sans doute n'est-ce pas à cette sorte de musique que se réfère la poétique valéryenne, encore que la technique wagnérienne du leitmotiv puisse en être rapprochée. Mais, comme le reconnaît Michel Gauthier (particulièrement attentif aux processus formels qui s'éloignent des techniques faciles — allitérative ou onomatopéïque par exemple — que Valéry exécrait dans les analyses de Maurice Grammont, et qui se réfère plus volontiers aux travaux postérieurs de ce grammairien montpelliérain), le poème, de toute évidence, n'existerait pas sans un réseau latent de significations, auquel correspond, de multiples façons, le système euphonique. Et Jean-Pierre Chausserie-Laprée renchérit en suggérant que les constructions verbales et prosodiques qu'il découvre dans *La Jeune Parque* sont intimement unies à la basse continue d'un signifié qui les réclame ou les favorise, et dont elles sont l'un des modes d'expression. L'architecture en symétries et oppositions qui domine le poème correspond au substrat sémantique de l'œuvre, qui préside sans doute au même titre à sa genèse et en justifie la composition fragmentaire. La thématique du rêve et du réveil, du cycle et de la mémoire va de pair avec une forme qui l'engendre et qu'elle engendre. Le poème valéryen le plus réussi serait en ce sens celui qui, comme *La Jeune Parque* », permanente référence de Valéry lui-même, maintient au mieux ce jeu constant de résonances par modulations et d'équilibre harmonique entre ces deux niveaux de sa structure.

Toutefois, le débat peut aller plus loin encore. Quelle est la part du conscient et du non conscient (pour ne pas parler d'inconscient) dans ces structures poétiques que Valéry souhaitait voir parvenir à l'automatisme, par «dressage», et que révèle une analyse critique méthodique? C'est une question que pose Nicole Celeyrette-Pietri, en évoquant les recherches de Jacques Roubaud et l'hypothèse qu'elles suggèrent d'une existence, abstraite en quelque sorte, de règles implicites que chaque poète retrouverait à sa manière, dans sa propre pratique — dans le domaine du rythme, par exemple — et dans la formulation des principes de composition qu'il se donne. Cette vue conduit tout droit au problème de l'universalité de la création poétique — notion que Valéry, fasciné comme l'on sait par le caractère universel des créations de la science, a toujours rejetée cependant s'agissant des autres formes de création, particulièrement de celles qui relèvent du plan esthétique. Ici, comme le montra par la suite Simon Lantiéri, la création ne peut être qu'individuelle, si fort que soit le désir de lier la composition par des règles «sine qua non imposées».

Autres termes, autre complexité : Jean Levaillant ajouta au problème posé par Michel Gauthier dans sa distinction d'éléments sémantiques et d'éléments proprement mélodiques, celui d'un rapport entre le son et le sens qui ne serait plus immédiat, mais intrinsèque, et suggérerait l'existence sous-jacente d'une «voix sans mots», mélodie vocalisée renvoyant à cette voix personnelle et unique dont parle Ned Bastet, qui est «perdue» et pourtant existe quelque part, et qui définit l'individuation du poème. Il pose aussi la question de la graphie, de ces lettres muettes et pourtant lisibles dans l'espace de la page, douées d'une présence certaine dans le phénomène de l'écriture, et par lesquelles le registre visuel s'entremêle avec le registre auditif. À quoi Michel Gauthier répond en évoquant telle graphie de Victor Hugo (le mot *trône*, par exemple, écrit «*thrône*», avec une *h* où le poète voyait la forme même du siège), les calligrammes d'Apollinaire ou le *Coup de dés* de Mallarmé, qu'il n'est pas interdit au poète ni au lecteur de projeter sa sensibilité propre sur tout ce qui est matériau possible de l'écriture. Mais la question soulevée par Jean Levaillant de la présence graphique des lettres renvoie plus nettement encore à l'acte du corps, et Jean-Pierre Chausserie-Laprée y voit l'écho de ce parallélisme graphique aux structures musicales que sa propre analyse révèle dans *La Jeune Parque*.

À partir de la communication de Karl Alfred Blüher est évoqué ensuite le problème de la réception : réception musicale, réception du poème. Toute une théorie valéryenne, analysée dans cette étude, mise sur l'ambiguïté qui rapproche l'une et l'autre. Michel Gauthier rappelle à ce propos que Valéry cherchait plutôt à posséder la poésie, et non point à s'en laisser posséder, afin de posséder à son tour son lecteur. C'est un pouvoir insidieux qu'il prétend tirer, comme le musicien, des effets « latéraux », et Ned Bastet insiste sur la méfiance instinctive de l'esprit, pourtant séduit, à l'égard de la musique, telle que l'analyse parfois Valéry dans ses Cahiers. Il règne une distribution des temps différente dans l'ordre de la sensibilité et dans l'ordre de l'intellect, et c'est, dit Valéry, « la sensibilité qui domine l'oreille ». Il n'empêche que de là naît et joue, à l'intérieur, dans les profondeurs de la sensibilité, cette dynamique particulière que l'esprit refuserait en réalité s'il la reconnaissait comme telle. Cette dynamique, cette sorte d'énergie retardatrice de la sensibilité qui se trouve dans l'obscur de l'ouïe, c'est aussi, remarque Jean Levaillant, ce que Valéry appelle ailleurs « l'informe ». Et pourtant, Valéry lui-même, comme le rappelle K. A. Blüher, prônait la liberté du lecteur. Mais du débat qui s'instaure il ressort, comme le dit Jean-Pierre Chausserie-Laprée, que celle-ci se situe bien plus au niveau de l'imaginaire que du rythme, dont l'emprise ne peut manquer de s'imposer.

Cette remarque ramène aux préoccupations évoquées par Simon Lantiéri, qui précise alors sa pensée en s'appuyant sur de nouvelles citations des Cahiers. Selon son point de vue, c'est précisément au niveau du rythme, considéré comme une espèce de matrice universelle aussi bien dans l'univers poétique que dans l'univers musical, que Valéry, alors qu'il amorçait l'esquisse d'une science du temps, fait apparaître un élément qualitatif irréductible au nombre et finalement à la quantité comme telle. Reste à s'interroger sur le lieu où se fait l'ancrage de la qualité, qui va résister à toute mathématisation — celle-ci se définissant par la réduction de la qualité à la quantité, opération qui entraîne la réduction de l'improbable au profit de la prévisibilité et même de la prévision.

Ce point d'ancrage, Simon Lantiéri le situe dans la sensibilité et le corps — tout en reconnaissant que le problème n'est pas pour autant résolu. Il s'agit ici, souligne-t-il, du corps total, et non pas seulement du cerveau, ce merveilleux ordinateur. Il cite en témoignage ce texte capital des Cahiers :

Rythme — Toute suite d'événements dont nous pouvons, savons, devons — AUSSITÔT reproduire la figure-de-suite par des actes — (Pouvoir-savoir-devoir, liés entre eux) et la répéter « indéfiniment ».
Ce n'est pas le mouvement périodique de la physique, car celui-ci peut s'étaler sur une durée quelconque.
Tout rythme est d'essence périodique mais la réciproque n'est pas vraie. Toute période n'est pas rythmique.
Il faut, en effet, que l'être vivant composé soit de la partie.

(C, XIX, 435 ; CI, 1355)

Distinguant schématiquement trois catégories : l'universalité, propre aux lois scientifiques, la généralité, d'origine empirique, et la spécificité, qui se définit au niveau du corps, Simon Lantiéri suggère que le rythme, ancré dans les possibilités de mouvements et d'actes du corps capables de le reproduire, se placerait dans cette dernière catégorie. La danse en serait peut-être, au niveau esthétique, l'illustration la plus fondamentale.

Reste l'ultime question : faut-il situer le phénomène au niveau du corps de tous les individus appartenant à une même espèce, l'espèce humaine, — ou au contraire au niveau du corps et de la sensibilité de tel individu particulier, avec sa singularité nettement définie par rapport à l'ensemble des individus de son espèce ? Il semble bien que l'on doive opter pour la deuxième solution, en considérant que toute création esthétique, aussi bien du point de vue du créateur que du récepteur (lecteur ou auditeur), renvoie à une corporalité non seulement spécifique, mais encore individuelle. Simon Lantiéri présente, comme référence à son propos, plusieurs autres notes des *Cahiers* concernant l'analyse du problème du rythme (XVIII, 83 et 492, XIX, 305-6 et 435, XXI, 276-7), reproduites dans l'édition de la Pléiade au chapitre « Temps » (pp. 1351 à 1357), — notes où apparaissent clairement, à côté de la référence à Carnot, les notions de « construction », d'implication du corps et de spécificité nettement individualisée.

Ces brillantes hypothèses, émises à partir de textes valéryens fondamentaux, suscitèrent évidemment une large discussion. Nicole Celeyrette-Pietri apporta en particulier quelques nuances en ce qui concerne la relation du mathématicien avec l'improbable, toujours lové au cœur de sa recherche, bien que sa méthode tende en effet à l'éliminer, sur l'évolution et la complexité de la notion de rythme chez Valéry, et sur la théorie de « l'acte pur », position limite illustrée, sur le plan de la construction, dans *Amphion, La Jeune Parque* et *Eupalinos*, et qui aboutit à la notion du « corps glorieux ».

Ned Bastet insista à son tour sur l'idée de la singularité strictement individuelle de l'artiste, qui lui paraît dominante chez Valéry, et qui se retrouve précisément jusque dans la problématique de l'acte pur et du corps glorieux. L'élément caractéristique à cet égard est l'insistance de Valéry sur l'importance du timbre musical, et particulièrement du timbre de la voix. Quels que soient, par exemple, les systèmes de tous ordres qui contribuent, comme l'ont montré les linguistes, à construire musicalement le vers, celui-ci n'a pas de véritable existence tant qu'il n'a pas été assumé par la vibration strictement individuelle d'une voix particulière. La spécificité de l'art, au niveau de celui qui le met en acte comme de celui qui le reçoit, est précisément dans l'intervention d'un phénomène qui n'est plus universalisable, mais au contraire absolument spécifique de chaque voix, et lié aux harmoniques de la sensibilité particulière.

Michel Gauthier acquiesça à cette notion de spécificité individuelle du poète-musicien, tout en suggérant une hypothèse nouvelle : celle d'une sorte d'identité musicale, perceptible dans le choix des phonèmes, entre tel ou tel poète, ou chez tel « type » de poètes, citant à l'appui quelques vers particulièrement musicaux qui lui paraissaient unis par une parenté phonique. Huguette Laurenti fit remarquer que l'identité était plus grande dans les exemples où une sorte de parenté rythmique s'ajoutait à celle des phonèmes. Cette idée intéressante n'est finalement pas éloignée du classement que Valéry lui-même opère, selon la voix et le timbre, entre différents types de poètes (Hugo, La Fontaine, Racine, par exemple).

Sur ces notions capitales pour l'esthétique valéryenne, propres à la fois à la musique et à la poésie, mais aussi à une architecture dont les réalisations « chantent » dans l'espace ; sur la relation de cette conception de l'art avec la sensibilité particulière de Valéry telle que, comme le rappela fort pertinemment Judith Robinson-Valéry, elle pouvait se manifester en des occasions essentielles du vécu, se termina cette table ronde, conclusion d'un colloque où — chacun l'avait senti — cette exploration de l'univers valéryen aidait à pénétrer, par une analyse qui se voulait, dans la diversité des méthodes, de plus en plus fine, le phénomène même de poésie.

Huguette LAURENTI

189

TABLE

LA REVUE DES LETTRES MODERNES

(fondée en 1954)
fut à l'origine un périodique consacré à l'«histoire des idées et des littératures» sous la direction de Michel J. MINARD.
Actuellement, cette collection se déploie principalement en un ensemble de monographies constituées de volumes indépendants répartis dans les Séries :

configuration critique (1957)
Apollinaire (1962). Dir. M. DÉCAUDIN
Barbey d'Aurevilly (1966–1982). Dir. J. PETIT †
 (1983). Dir. Ph. BERTHIER
Gide (1970). Dir. C. MARTIN
Malraux (1971). Dir. W.G. LANGLOIS
Rimbaud (1972). Dir. L. FORESTIER
Giono (1973). Dir. A.J. CLAYTON
Mauriac (1974). Dir. J. MONFÉRIER
Verne (1975). Dir. F. RAYMOND
Jouve (1981). Dir. D. LEUWERS
Hugo (1983). Dir. M. GRIMAUD
Cendrars (1985). Dir. M. CHEFDOR, C. LEROY

Bernanos (1960). Dir. M. ESTÈVE
Claudel (1964–1982). Dir. J. PETIT †
 (1983). Dir. M. MALICET
Camus (1968). Dir. B.T. FITCH
Cocteau (1970). Dir. J.-J. KIHM †
 (1986). Dir. J. TOUZOT
Max Jacob (1972). Dir. J. DE PALACIO
Suarès (1973). Dir. Y.-A. FAVRE
Céline (1974). Dir. J.-P. DAUPHIN
Valéry (1974). Dir. H. LAURENTI
Péguy (1980). Dir. S. FRAISSE
Ramuz (1982). Dir. J.-L. PIERRE
Flaubert (1984). Dir. B. MASSON

les carnets bibliographiques de la revue des lettres modernes. Dir. P. C. HOY

Mais, de façon complémentaire, et par un retour aux sources de la *RLM*, les Séries de
l'icosathèque (20th)
— publication indépendante de 1974 à 1980 —
poursuivent l'exploration critique du XXᵉ siècle :

l'avant-siècle (les temps de la genèse : 1870–1914). Dir. L. FORESTIER
le plein siècle (d'un après-guerre à l'autre). Dir. M. DÉCAUDIN
le siècle éclaté (dada, surréalisme et avant-gardes). Dir. M. A. CAWS
au jour le siècle (vers une nouvelle littérature). Dir. B. T. FITCH
l'intersiècle (interférences et relations littéraires). Dir. P. BRUNEL

Les projets d'études relevant de ces domaines peuvent être proposés aux Directeurs de collection.
— Les manuscrits non sollicités ne seront renvoyés que s'ils sont accompagnés de timbres pour leur réexpédition. — Les opinions émises n'engagent que les auteurs. — Dans toute correspondance joindre un timbre ou un coupon international pour la réponse.

Éditions LETTRES MODERNES
73, rue du Cardinal-Lemoine, 75005 PARIS

Tél. : (1) 43 54 46 09

Tous droits réservés — Produit en France

LA REVUE DES LETTRES MODERNES

=========== TARIF ===========

SOUSCRIPTION GÉNÉRALE à toutes les Séries existantes et à paraître
(chaque livraison comporte un nombre variable de pages, donc de numéros)

50 numéros **à paraître** : FRANCE - ÉTRANGER : **800 F**
(tarif valable de janvier 1985 à décembre 1986)

les souscriptions ne sont pas annuelles et ne finissent pas à date fixe

SOUSCRIPTIONS SÉLECTIVES :

Sans prendre une souscription générale, il est possible de s'inscrire pour une souscription
sélective à l'une des Séries afin d'être informé en temps voulu de la publication de chaque
nouvelle livraison pour pouvoir bénéficier et du prix de faveur valable avant parution
et du tirage limité des Carnets bibliographiques.

cette livraison de la collection

LA REVUE DES LETTRES MODERNES
ISSN 0035-2136

a été servie aux souscripteurs abonnés
au titre des numéros 791−796

Série Paul Valéry
ISSN 0180-9466

PAUL VALÉRY 5

musique et architecture

textes réunis par Huguette LAURENTI

ISBN 2-256-90192-0 (07/87)
MINARD   099 F   (07/87)

exemplaire conforme au Dépôt légal de juin 1987
bonne fin de production en France
Minard 73 rue du Cardinal-Lemoine 75005 Paris

99 -
c